PÉLADAN

LES IDÉES ET LES FORMES

LA
DOCTRINE DE DANTE

PARIS
BIBLIOTHÈQUE INTERNATIONALE D'ÉDITION
E. SANSOT & Cie
7, rue de l'Eperon, 7

MCMVIII

La Décadence esthétique

(*Les XXV ouvrages antérieurs de cette série sont épuisés*).

L'Art ochlocratique, in-8, 1888.
L'Art idéaliste et mystique, in-18, 1894.
Le Théâtre de Wagner (les XII opéras, scène par scène), 1895.
La Réponse à Tolstoï, in-18, 1898.
Réfutation esthétique de Taine, 1906 (Mercure).
Introduction à l'histoire des peintres de toutes les écoles depuis les origines jusqu'à la Renaissance. L'*Orcagna* et l'*Angelico*.
Les XI chapitres mystérieux du Sepher Bereschit, 1894.
La Science, la Religion et la Conscience, 1893.
Le prochain Conclave (instructions aux cardinaux), 1898.
Supplique au Pape pour le Divorce, 1904.
Le Fils des Etoiles, comédie lyrique en 3 actes, le 19 mars 1891, aux soirées de Rose + Croix, et le dimanche, et le lundi de Pâques, 1893, au Palais du Champ-de-Mars.
Babylone, tragédie en 5 actes, les 11, 12, 15, 17 et 19 mars 1893, au Palais du Champ-de-Mars ; le 28 mai 1894, au théâtre de l'Ambigu et le 30 mai au théâtre du Parc à Bruxelles.
Œdipe et le Sphinx, tragédie en 3 actes, les 1er août 1903, au théâtre antique d'Orange par les artistes de la Comédie-Française et de l'Odéon.
Sémiramis, tragédie en 4 actes, *le 24 juillet 1904 à l'amphithéâtre antique de Nîmes*, par les artistes de la Comédie-Française; le 23 juillet 1905, pour l'inauguration du **Théâtre antique de la nature**, à Champigny sous la présidence de M. le ministre de l'Instruction publique et des Beaux-Arts, par les sociétaires de la Comédie-Française.

THÉATRE PUBLIÉ

Le Prince de Byzance, 1893, *épuisé*.
Le Fils des Etoiles, 1894, *épuisé*.
Babylone, 1895, *épuisé*.
La Prométhéide, 1896.
Œdipe et le Sphinx, 1903. *Mercure de France*.
Sémiramis, 1904, *Mercure de France*.

EN EXPECTATIVE :

St-François d'Assise.
César Borgia.
Cagliostro.

LA DOCTRINE DE DANTE

Les Idées et les Formes

La Terre du Sphinx (Egypte), 1900.
La Terre du Christ (Palestine), 1901.
La Dernière Leçon de Léonard de Vinci, 1904.
Origine et Esthétique de la Tragédie, 1905.
La Clé de Rabelais (secret des corporations), 1905.
De Parsifal à don Quichotte (secret des troubadours), 1906.
Introduction de l'Esthétique.
De la Sensation d'Art.
La Doctrine de Dante.

Amphithéâtre des sciences mortes

I. Comment on devient mage (éthique), in-8°, 1891.
II. Comment on devient fée (érotique), in-8°, 1892.
III. Comment on devient artiste (esthétique), in-8°, 1894.
IV. Le Livre du Sceptre (politique), in-8°, 1895.
V. L'Occulte catholique (mystique), in-8°, 1898.
VI. Traité des Antinomies (métaphysique), in-8°, 1901.
VII. La Science de l'Amour, in-8°, 1907.

La Décadence latine (Ethopée)

I. Le Vice suprême (1884).
II. Curieuse (1885).
III. L'Initiation sentimentale (1886).
IV. A Cœur perdu (1887).
V. Istar (1888).
VI. La Victoire du Mari (1889).
VII. Cœur en peine (1890).
VIII. L'Androgyne (1891).
IX. La Gynandre (1892).
X. Le Panthée (1893).
XI. Typhonia (1894).
XII. Le dernier Bourbon (1895).
XIII. Finis latinorum (1898).
XIV. La Vertu suprême (1900).
XV. « Pereat ! » (1901).
XVI. Modestie et Vanité (1902).
XVII. Pérégrine et Pérégrin (1904).
XVIII. La Licorne (1905).
XIX. Le Nimbe noir.
Les Drames de la Conscience :
La Rondache.

LA
DOCTRINE DE DANTE

L'obscurité des textes affecte deux formes : ou ils parurent obcurs, en leur temps, en leur lieu, par la volonté ou la faute de l'auteur ; ou ils le sont devenus, par l'abolition du milieu et la succession des jours.

Il n'est pas sûr que les contemporains de saint Jean aient mieux compris l'*Apocalypse* que nous : les voiles accumulés sur la pensée l'ont été à dessein ; les termes se concrétisent en images si nettes que le crayon pourrait entièrement se substituer à l'écriture du voyant.

Au contraire, le *Songe de Poliphile* ne se révèle pas à la description, parce que les amours de Polia représentent autre chose que des amours ; il faut réduire chaque scène à une formule métaphysique cachée sous un véritable rébus.

Parmi les œuvres admirables que l'humanité a élevées au-dessus des autres comme synthétiques d'une période, aucune n'égale en beauté littéraire celle de Dante Alighieri. Homère de l'ère chrétienne, c'est le plus grand de tous les poètes. Découvrir sa doctrine, la dégager du symbole vieilli, semble une entreprise téméraire. On peut du moins la conduire avec piété et coordonner les éclaircissements qu'il a donnés lui-même et qui serviront de base à la recherche

I

VITA NUOVA

La *Vita Nuova* se présente à nous, par sa date, comme le premier mot d'une immense énigme.

A *neuf* ans, Alighieri vit pour la première fois une fillette également âgée de « neuf » ans. Dès lors l'amour s'empara de son âme.

Neuf jours après les *neuf* ans, depuis l'apparition de cette très noble créature et merveilleuse dame, elle se montra au poète... L'heure à laquelle elle lui fit grâce de son doux salut était précisément la *neuvième* heure du jour.

Le Dante a pris soin de se commenter lui-même : « Parce que le nombre *neuf* s'est offert souvent dans ce que j'ai dit, et que l'on peut croire que cela n'a pas été sans raison ; qu'en outre ce nombre remplit un grand rôle, surtout à sa mort, il me faut en dire quelque chose. Je dirai d'abord comment le nombre *neuf* intervint dans l'événement de sa mort ; puis je signalerai quelques raisons pour lesquelles ce nombre fut tellement favorable à cette Dame. Je dirai donc que la belle âme de cette Dame s'est séparée de son corps pendant la première heure du *neuvième* jour du mois, et selon l'usage de *Syrie* pendant le *neuvième* mois de l'année qui équivaut chez nous au mois d'octobre, et, selon notre usage, elle quitta cette vie dans cette année du Seigneur en laquelle le nombre parfait (10) s'était écoulé « neuf » fois dans ce siècle.

« Si l'on désirait savoir pourquoi ce nombre *neuf* sympathisait autant avec elle, je pourrais en donner une raison *probable*, car il y a *neuf* cieux et ces *neuf* cieux se transmettent ici-bas les diverses combinaisons harmoniques auxquelles ils sont soumis là-haut. Ce nombre fut ami de Béatrix ; quand elle fut engendrée, les *neuf* mobiles s'harmoninisaient parfaitement ensemble. Voilà déjà une de ces raisons. Mais en pénétrant plus au fond de la chose, selon l'infaillible vérité, *ce nombre fut Béatrix elle-même.*

« Voici comment j'entends la chose : le nombre trois est la racine de celui de *neuf*, qui, sans l'aide d'un autre nombre et multiplié par lui-même, fait *neuf*. Donc si le trois par lui-même est facteur du *neuf*, et si le facteur des merveilles est par lui-même trois, Père, Fils, Saint-Esprit, c'est qu'ils sont *neuf* pour donner à entendre qu'elle était un *neuf, c'est-à-dire une merveille dont la racine est seulement l'adorable Trinité.* Peut-être pourrait-on, par des raisons plus subtiles encore établir cette vérité... »

Il n'est pas besoin de recourir à la Kabbale, puisque le gibelin a défini lui-même le symbole numérique avec unc extrême clarté.

Béatrice fut l'incarnation d'un nombre ; mais à supposer qu'il s'agit d'amour dans la *Vita Nuova*, le nombre de la femme est 2, et 6 celui de la sexualité. La *neuvième* carte du

Tarot s'appelle *l'Ermite*, et représente un vieillard couvert de la bure franciscaine, qui se dirige prudemment, tenant d'une main une lanterne (1), et de l'autre un bâton de pèlerin, exacte figure du *pauvre volontaire* qui suit un idéal que les autres ne voient pas.

Les commentateurs ont essayé de découvrir dans ces expressions un mélange de mysticisme et de kabbalisme, et une manifestation purement littéraire du mauvais goût d'alors. Ce qui les a conduits à cette erreur c'est que les sonnets de la *Vita Nuova* n'apparaissent pas isolés, ils s'intercalent dans une série antérieure au Dante et qui se développa ensuite jusqu'au XVIe siècle.

L'épithète de *Vie neuve* ou *nouvelle* appliquée à la *neuvième* année, n'a aucun sens. Que serait donc la vie vieille, *vita vecchia*? Celle des

1. V. dans la *Clé de Rabelais* (Sansot) la signification de Dame Lanterne comme figure de l'initiation et les spécimens de langage *lanternois*, argot corporatif de la fin du XVe siècle.

langes et de l'abécédaire ? Quel enfant ou quel homme à la vue d'une petite fille s'écriera : *Ecce Deus fortior me, qui veniens dominabitur mihi,* et trouve en pleine Florence de 1256, que la petite fille paraît née « non d'un mortel mais d'un Dieu ».

Si nous acceptons ces expressions comme nées du délire passionnel, le poète nous démentira : « la noble vertu dont elle était douée, ne permit jamais que l'amour me guidât sans le fidèle conseil de la raison. »

Les commentateurs ont jugé plus simple d'assimiler les sonnets d'Alighieri au sonnet d'Oronte, et d'y voir un maniérisme spécial, une préciosité, un jargon amoureux, que d'accepter le problème d'une si singulière inspiration. A l'analyse, on ne trouve ni concetti, ni gongorisme, mais au contraire une solennité d'expression telle que les versets de Jérémie et du Psalmiste s'intercalent naturellement dans cette œuvre prétendûment galante.

L'immense répertoire des rimes amoureusss fournit une comparaison qui tourne à l'exceptionnalité de la *Vita Nuova*.

Il voit parfaitement TOUT SALUT
qui voit ma dame parmi les autres dames :
et celles qui vont avec elle, doivent,
de cette belle grâce, remercier Dieu.
Car sa beauté est de telle vertu
que nulle envie elle ne donne aux autres,
elle les fait marcher à côté d'elle, elle les revêt]
de gentillesse, d'amour et de foi.
Sa vue rend tout humble,
et non seulement elle plaît de soi
mais chacune, par elle, reçoit du prestige.

Une femme qui incarne le *salut*, qui n'inspire aucune envie aux autres femmes, qui les fait marcher à côté d'elle et les revêt d'amour et de foi ; une femme qui plaît aux femmes en les éblouissant, ne serait-ce pas l'absurdité la plus niaise qui ait jamais été écrite ? Il faut trouver un sens plus rationnel.

O vous qui, par la voie d'Amour, passez,
arrêtez-vous et regardez :
Est-il douleur aucune, autant que la [mienne, grande.

Je prie seulement que d'écouter vous ayez [patience ;
et puis vous imaginerez,
si je ne suis pas de tout tourment la [demeure et la clé !
Amour, non pour mon peu de [mérite,
mais par sa magnanimité,
m'a mis dans une vie si douce et suave
que j'entendais dire derrière moi :
« Par quel mérite
a-t-il le cœur si léger, celui-là ! »
Maintenant j'ai perdu toute mon assurance
qui venait de l'amoureux trésor.
Or, pauvre je demeure
et à ce que je veux dire, j'hésite.
Ainsi voulant faire comme
ceux qui par honte, cachent leur défaite,
au dehors je montre de l'allégresse
et dans mon cœur je me consume et pleure.

Immédiatement, le poète se commente ainsi : « Je fais appel aux fidèles d'amour. » Il n'y a aucun moyen de lire « au cœurs constants, ni aux amoureux fidèles ». Cette appellation désigne non une catégorie flottante des soupirants, mais une secte. Les trois premiers vers sont de Jérémie et font partie de l'office de la Passion en qualité de répons. Vittoria les a illustrés d'une musique à trois parties, adorable. « Je demande » à ceux qui suivent la voie d'Amour « de me permettre de parler». S'agit-il d'une simple déférence ou bien s'excuse-t-il de transgresser une défense ? « Dans la seconde partie, je dis où l'amour m'avait placé *con altro intindimento*, que la fin du sonnet ne montre point. »

En soudant les uns aux autres les passages caractéristiques, voici à peu près la page rouge (rubrica) qu'il écrivit à vingt-six ans (1291).

« La Dame glorieuse de mon esprit pour beaucoup de gens s'appelait Béatrice, beaucoup d'autres ignoraient le nom. Quand elle apparut, les esprits sensibles parlant aux esprits de la vision, dirent : *Apparuit jam beatitudo vestra.*

« Alors l'esprit matériel se lamenta.

« En pensant à cette femme angélique, j'eus une vision merveilleuse (elle se trouve dessinée à la fin du « Songe de Poliphile »...), je pris la résolution de la faire connaître à plusieurs hommes qui étaient de fameux troubadours ; je résolus d'écrire un sonnet pour saluer tous les *fedeli in amore*.

« Un jour cette *gentilissima* se trouvait dans une église ; j'étais placé de façon à contempler l'objet de ma félicité. Entre elle et moi et en ligne directe était assise une dame qui dirigea plusieurs fois ses yeux sur les miens. Il arriva que l'on s'aperçut qu'elle me regardait : j'entendis même dire : « Vois-tu comme cette dame détruit l'existence de ce jeune homme ! ». Mes yeux n'avaient point trahi mon secret : je me décidai aussitôt à profiter de cette méprise et à faire de cette dame une *espèce de voile* pour cacher la vérité. Grâce à cette dame, je me mis à l'abri des curieux, pendant des mois et des années.

« Pendant le temps que cette personne servait de *voile* à mon véritable amour, j'eus le désir de célébrer le nom de Béatrice en la plaçant parmi les noms des « soixante » plus belles personnes de Florence. Le nom de Béatrice à cause de la mesure ne put entrer dans les vers que le *neuvième*. Or la dame qui pendant si longtemps m'avait servi à cacher mes véritables sentiments, fut obligée de quitter notre ville et d'aller en pays lointain. J'en fus désappointé. »

L'Amour dit à Dante un jour qu'il chevauchait : « Je viens de chez cette dame qui a été longtemps *ta défense* et je sais qu'elle ne reviendra pas; mais ce cœur que je te faisais avoir par elle, je l'ai avec moi et je le porte à une autre dame qui sera *ta défense* comme celle-ci l'a été, et il me la nomma... je trouvai en effet, le moyen d'en faire ma *sauvegarde*, si bien que beaucoup de personnes en parlaient, même au delà de ce qui est permis par certaines convenances. A cause de ces discours, cette noble Béatrice qui n'était reine que des vertus, en passant par un endroit, me refusa sa douce salutation... Après avoir imploré la miséricorde de la Dame de courtoisie et m'être écrié : « Amour, viens au secours de ton fidèle », je m'endormis comme un enfant qui pleure après qu'on l'a corrigé et j'eus une vision. C'était la *neuvième* heure. »

Ici on a voulu voir les fiançailles de Béatrice avec le chevalier Messer Simone de Bardi.

« Une noble dame avait été fiancée le jour même, et parmi les jeunes filles qui devaient assister au premier repas qu'elle faisait dans la maison de son fiancé, je vis la très noble Béatrice. Pour cacher mon émotion, je m'appuyai à une peinture qui ornait cette demeure. Ayant un peu recouvré mes sens, je dis à l'ami qui m'avait amené : j'ai mis les pieds dans cette partie de la vie d'où on ne peut retourner sur ses pas. »

Le poète avoue qu'il présente des difficultés au lecteur qui ne serait pas au même point que lui, comme fidèle d'amour ; pour qui n'est pas fidèle, il parlerait inutilement et en vain sans éclaircir une telle obscurité !

Des dames lui demandent : « Pourquoi aimes-tu cette Dame puisque tu ne peux supporter sa présence ? Il faut que ton amour soit tout à fait d'un nouveau genre. »

Il réplique : « La fin de mon

amour a été la salutation de cette Dame, car dans cette salutation se trouvait la fin de tous mes désirs : désormais je n'attends mon désir que de sa merci.»

Ici se place la fameuse ode :

Dames qu'avez l'intellect d'amour
Je veux avec vous, de ma Dame, parlér.

Comment croire à un poème sexuel lorsque; à la suite d'un sonnet, le poète écrit : « Il a quatre parties, car les dames à qui je réponds eurent quatre modes de parler ! »

Béatrice meurt. Survient une très noble dame, qui avait été jadis la dame de Guido Cavalcanti le fidèle d'amour, initiateur de Dante et qui s'appelle Giovanna « son nom dérive de Giovanni (Jean qui précède la vraie lumière) ». L'amour dit « celui qui voudrait considérer les choses subtilement appellerait Béatrice l'Amour, à cause de la grande ressemblance qu'elle a avec moi ! »

Plus loin, on trouve « l'amour n'est pas en lui-même une substance, mais un accident dans la substance ».

Selon Dante, anciennement « il n'y avait pas de diseurs d'amour en langue vulgaire, puisqu'on ne trouve rien remontant à cent cinquante ans ».

En effet, avant 1141, on ne rencontre pas de textes occitaniens sur la religion d'amour.

Le gibelin donne ces définitions ésotériques *passim* :

« J'appelle *cœur*, cette puissance qui désire, et *âme* la raison ; je rapporte ce que l'une dit à l'autre, croyant convenable d'appeler la puissance sensible *cœur* et la raison *âme* ; cela est assez intelligible pour ceux à qui je désire qu'il le soit. »

« Un jour, à l'heure de *none*, cette glorieuse Béatrice apparut vêtue de couleur rouge, et du même âge que je la vis la première fois. Puis vint le temps où le monde va voir cette sainte image que Jésus-Christ nous laissa de son admirable figure, que regarde maintenant la glorieuse dame de mon esprit. » Il rencontre des pèlerins et nous enseigne qu'il y en a de trois sortes : les palmieri (porteurs de palmes) qui vont Outremer, les pérégrins, qui vont en Galice, et les Roméens qui vont à Rome.

Les premiers sont des Johannites, les seconds des Albigeois et les Roméens des fidèles d'amour. Voici maintenant la transcription en langue vulgaire de la *Vita Nuova.*

Il y avait neuf ans que Dante était affilié à la secte (en langage mystique, un homme a l'âge de son initiation), lorsqu'il connut une doctrine tellement consolante, ou bien qu'il découvrit une loge tellement illuminée, que sa jeune intelligence s'émerveilla et qu'il chanta cette doctrine ou cette communion, pour y appeler de fameux troubadours.

Cependant, rien dans sa conduite ne révélait l'hérétique, il pratiquait, et Rome orthodoxe le regardait avec complaisance. Il profita de cette méprise, et pendant des années, il passa pour un excellent fidèle de l'Eglise romaine ; il ne parlait de sa croyance qu'en la mêlant à la foi officielle. Le nom de Béatrice qui ne vient qu'en « neuvième » pour la mesure correspond aux premiers vers dorés de Pythagore :

Rends aux dieux immortels le culte consacré
Garde ensuite ta foi...

La Dame qui servait de voile quitte Florence ! Comment expliquer cela ? S'agit-il d'une protection orthodoxe ? En tout cas, une protection lui était nécessaire. Il lui faut une nouvelle *défense*. Contre qui ? Des rivaux ? La famille de Béatrice ? Non. Contre l'Inquisition ! Une autre Dame devient sa *sauvegarde*, à ce point que Béatrice lui refuse la salutation ou consolement des Albigeois.

Que signifie le mort de Béatrice, sinon que la communion à laquelle Dante appartenait a disparu ? Une autre confrérie, plus ancienne, une confrérie Johannite, recueillit ceux que la mort de Béatrice avait fait selon une expression d'argot « fils de la Veuve ». Lorsque le grand lyrique nous avertit que subtilement Béatrice n'est autre que l'*Amour*, il faut se reporter au *Symposion* de

Platon et y lire la dissertation sur Eros qui diffère beaucoup de la physionomie basse et romaine de Cupido. Eros signifie Désir et non Amour ; mais ce serait matière trop longue à énoncer.

La citation, pure et simple, établit que cet opuscule ne relève pas de l'inspiration sexuelle, sinon dans la mesure où le peintre fera poser sa maîtresse pour la Madone.

Le Dante a donné à sa pensée la forme qui lui fut chère ; il haussa la jeune Florentine de son premier amour jusqu'à y voir une allégorie de la Sagesse. En cette qualité Béatrice traverse les trois sphères de la « Divine Comédie », pour s'épanouir dans le *Convito*, avec les traits d'une nouvelle Diotima.

L'opinion courante et superficielle qui fait de la *Vita Nuova* une poésie amoureuse. se trouve ruinée, par le texte même.

II

LE CANZONIÈRE

œuvre du Prieur blanc éprouve ce sort étrange d'être admirée sans être comprise et de ravir par sa beauté ceux même qui n'entendent rien aux pensées exprimées. Pour tous, la *Vita Nuova* est une histoire d'amour. Le poète moderne, confiné dans son étroite personne, ne connaît d'autre thème que lui-même et se figure que ses devanciers dans l'art lyrique ne voyaient pas plus loin que leur ombre.

Littérairement, l'Alighieri a trouvé autant de commentateurs qu'il le mérite : mais pas plus les Italiens que les étrangers ne cherchent l'esprit véritable de ses beaux poèmes et, dans l'édition du *Canzonière* de Guliani, expositeur de la *Divine Comédie,* à l'Institut supérieur de

Florence, on lit, à la seconde page de la préface, *che solo un sensibile amore poteva inspirare*, la *Vita Nuova !* Si ce professeur avait ouvert le *Convito* au chapitre II, il aurait lu au dernier alinéa : « Je cède à la crainte de l'infamie. L'infamie que je redoute, c'est qu'on suppose que je me sois laissé dominer par la passion. Le *Convito* atteste que ce n'est pas la passion, mais la vertu qui m'a inspiré. »

Le deuxième traité du même ouvrage finit en ces termes : *je dis et j'affirme que la dame dont je m'épris fut la très belle et très honorable fille de l'empereur de l'univers, à laquelle Pythagore décerne le nom de Philosophie.*

Comme la paresse des universitaires s'obstine toujours à défendre les clichés, j'emprunterai à Dante son propre commentaire. Il y a trois chansons dans le *Convito*, l'œuvre testamentaire par excellence.

Comme la véritable intention, en écrivant mes canzones, différait de l'intention apparente, j'entends les éclaircir par une interprétation allégorique et raisonnée, d'après l'histoire littérale. (*Convito*, C. I., vers la fin.)

Ainsi, il n'y a pas à nier l'ésotérisme de Dante : les chansons diffèrent de l'intention apparente. Il craint l'infamie de passer pour... ? Que veut-il renier avec de si grands mots et si graves ? Son amour ou la foi romaine ?

« Le sens des *Canzones* a pour but principal de conduire les hommes à la science et à la vertu. »

Une déclaration si solennelle ne gêne pas Ozanam. Le critique orthodoxe croit à Béatrice, à la sexualité permanente du lyrisme Dantesque.

Son extrême sensibilité, quoique protégée par le souvenir de Béatrice, résistait mal aux séductions de la beauté ; le recueil de ses compositions lyriques a gardé la trace de ses affections passagères qu'il essaya vainement de voiler à demi par d'ingénieuses interprétations.

D'autres, comme M. Fertiault, qui a traduit les chansons, s'écrie, souventes fois, dans ses commentaires :

Ombre de Béatrice, si tu entends, ferme un instant ton oreille ou adresse à ton amant des reproches comme ceux qu'il se fait lui-même adresser par toi dans la *Comédie* : « *Et vous celle que j'aime le plus.* » O Dante, ces mots-là, devais-tu les dire pour une autre que la fille de Portinari ?

Voici l'argument ingénu d'un traducteur :

Le poète veut peindre la lutte qui eut lieu en lui quand il se blâma d'avoir aimé la Dame qui le détourna de la pensée de Béatrice.

Vous qui, intellectuellement, mouvez le [troisième ciel,
Ecoutez le *ragionar* qui est dans mon cœur.
Que je ne puis dire à d'autres, si nouveau [il me paraît.
Le ciel qui suit votre valeur,
Gentilles créatures que vous êtes
M'a mis dans l'état où je me trouve.
D'où le récit de la vie que je constate
Paraît s'adresser dignement à vous.
Je vous prie donc de m'entendre ;
Je vous dirai la nouveauté du cœur,

Comme l'âme triste pleure en lui,
Et comme un esprit contraire parle,
Qui vient par les rayons de votre étoile.

Dante va donc s'expliquer lui-même ;

La première partie de cette canzone n'est autre que son premier vers.

Aristote, Ptolémée, le Psalmiste et les dix cieux, aboutissent à ceci : le troisième ciel est celui de Vénus. Quels êtres le meuvent ? Ici toute une pneumatique intercalée. Ce sont les Trônes qui meuvent le troisième ciel. Cela nous donne, au bout d'une quinzaine de pages,

Trônes qui, intellectuellement, mouvez le [ciel de Vénus.

On sait à présent la nature des cieux et de leurs moteurs.

« J'invoque les moteurs du ciel de Vénus et je leur dis, écoutez ; non pas comme pour ouïr un son, car ils n'ont pas de sens, écoutez la voix qui est dans mon cœur ».

Dans toute la canzone le cœur se prend pour la partie secrète intérieure.

L'esprit contraire est un fréquent penser qui me porte à louer et embellir cette Dame, et l'*âme* est un second penser volontaire, luttant contre le premier pour vanter et embellir la mémoire de la glorieuse Béatrice.

« L'intime penser, c'est-à-dire mon sentiment qu'aidait la mémoire, je l'appelle âme et l'autre esprit, comme nous avons coutume d'appeler hommes de la cité ceux qui la tiennent et non ceux qui la combattent, quoique les uns et les autres soient citoyens.

« J'énonce que cet esprit arrive par les rayons de l'étoile.

A la seule vue du cœur dolent
Un suave penser s'est offert
Maintes fois au pied de votre Sire,
Où une dame glorieuse je voyais,
Dont il me parlait si doucement,
Que mon âme soupirait : « Je veux m'en [aller ! »
Or, apparaît qui le fait fuir
Et me domine de telle vertu,
Que le cœur me tremble et que cela se [voit.
Il me fait regarder une dame
Et dit : « Qui veut voir le salut
Qu'il se mire dans les yeux de cette dame
S'il ne craint l'angoisse des soupirs ! »

« Je dépeins ma lutte intérieure. La vie de mon cœur est un penser suave, persuasif, et ce penser montait souvent aux pieds du Seigneur de ceux de qui je parle. Cela signifie que, par la pensée, je contemplais le règne des bienheureux, je voyais triompher la glorieuse Béatrice. Ce penser me rendait désireux de la mort.

« J'appelle penser, et non âme, mon désir, qui s'élançait vers la bienheureuse.

L'esprit qui le met en fuite est un nouveau penser qui chasse l'autre. Comme un miroir, il me montre une autre dame avec des paroles décevante.

Je révélerai le sens de cette partie de la canzone où combattent en moi divers pensers ».

Le lecteur a dû éprouver plus de difficulté au commentaire qu'au texte, et, en effet, il est encore plus obscur.

On n'adresse pas des chansons aux moteurs du troisième ciel, mais aux initiés du troisième degré qui est en effet celui de la rhétorique ; Rabelais dira des escribouilles (écrit bulle).

Vous qui, initiatiquement, dirigez le troi-
[sième ordre des initiés,
Écoutez le fond de ma pensée,

Que je ne peux dire à d'autres, il leur
[paraîtrait imprévu.
C'est sous votre impulsion,
O vrais gentilshommes,
Que je me suis mis dans le cas présent.
Je vous dois l'explication de ma conduite,
Et à qui la donner sinon à vous?
Je vous prie donc de m'entendre,
Je vous dirais ce que j'ai dû faire,
Comme je suis attristé de paraître renégat
Et comme cependant, malgré l'apparence
[contraire,
Je travaille, ainsi faisant, à notre œuvre.

Des copies partielles de la *Divine Comédie* avaient fait croire aux sectaires ce que la critique universelle croit encore, que Dante appartenait de nouveau au giron catholique : de cette infamie (le retour à l'Eglise romaine) il veut se laver au début du *Convito*, et on comprend du reste qu'il ne pouvait pas le crier sur les toits.

Mon cœur aujourd'hui dolent
Se nourrissait d'une pensée suave,
Qui m'emportait auprès de Dieu;
Et je la contemplais, la gloire d'une dame
[(l'initiatrice)
Et j'avais tant de bonheur à la vanter
Que mon âme disait: « Suivons-la. »

Mais la prudence m'arrête
Et me maintient d'une telle menace
Que je tremble et qu'on s'en aperçoit.
On me force à regarder une autre dame
Celle qui dit : Point de salut,
Hors de mes yeux, et que chacun s'y mire
S'il ne craint l'angoisse des soupirs (la torture).

Le supplice de Cecco d'Ascoli, ami de Dante, avertissait le poète et ce couplet est caractéristique : « Messire Alighieri, tu es un grand hâbleur (concieri), tu as écrit un gros livre sur l'enfer où tu n'es pas allé ; mais compte bien que tu iras. » Cette boutade citée par Bulgarini prouve que l'*Inferno* fut connu, avant les deux autres parties de la trilogie.

Le dominicain Vernani (Bologne, 1746) donne bien le sentiment inquisitorial :

Cet homme, introduisant Boëce et Sénèque à l'Eglise a joint à ses fantômes poétiques le verbe de la philosophie. Laissant de côté avec *mépris* ses autres ouvrages, j'ai voulu examiner un certain livre qu'il a intitulé *La Monarchie*.

Voyez-vous le chien du Seigneur (domini canis) pourvoyeur du bourreau, qui se jette sur l'os apparent et se contente de mépriser le reste, c'est-à-dire le poème le plus formidable de l'ère chrétienne et qui sera peut-être un jour la charte de nouveaux et vrais chrétiens.

Tel l'esprit nouveau ce puissant adversaire
Détruit l'humble penser qui me parle tou-
[jours
D'une Angèle couronnée dans le ciel
Et mon âme pleure encore son deuil
Et gémit : « O malheureuse comment a fui
L'être compatissant, ma consolation ? »
Puis l'affligée ajoute : « Fatale heure
Où cette beauté fixa ses yeux sur les miens !
Pourquoi n'en croyaient-ils pas mon avis ?
Je le savais : entre ses paupières
Séjourne celui qui tue mes pareilles.
Vaine fut ma clairvoyance.
A peine l'eus-je regardée, j'en suis morte.

Comme aux strophes précédentes, l'Alighieri ajoute l'obscurité du commentaire, et il faut le refaire.

Le souci causé par la puissante orthodoxie,
Disperse ma piété pour celle
Qui est au ciel couronnée ;

Et mon âme pleure car elle est en deuil
Et gémit : « O malheureux, j'ai perdu
L'être qui me consolait. »
Et l'âme ajoute : « Fatale heure ·
Où l'Eglise fixa ses yeux sur les miens.
Pourquoi ont-ils été confiants. »
Je savais bien que dans le regard de l'Eglise
Siège l'inquisition qui tue mes pareilles.
Vaine fut ma clairvoyance,
Au premier regard de l'Eglise, je me crus
[mort.

L'autre stance continue le même thème avec une opacité d'expression persistante :

Tu n'es point morte, mais consternée.
O âme qui te lamentes.
Répands un esprit de *noble amour.*
« La gente dame dont tu sentis le charme
A complètement transformé ta vie,
Tu t'en effraies, tellement elle est chétive.
Vois Béatrice, miséricordieuse et modeste,
Courtoise et sage dans son altitude
Et songe à la proclamer désormais souve-
Si tu ne t'égares, en la découvrant [raine
Ornée de si hauts miracles ;
Tu t'écriras : « Amour, seigneur sincère
Voilà ta servante ; règne selon ton plaisir. »

« Par mes pareilles j'entends les âmes affranchies, douées de génie et de mémoire. La mienne s'écrie peu après :

« J'en suis morte. » Exclamation contraire à celle précédente du *Salut*. Le oui et le non alternent. On doit bien observer le discours, par deux pentes opposées. Au quatrième verset, *Esprit d'amour* signifie un penser qui naît de mon étude, comme dans toute cette allégorie, *amour* désigne *étude* ou application de l'esprit à l'objet de sa passion. Enfin la phrase : tu la verras ornée de si hauts miracles, promet l'initiation à ses splendeurs, car ce sont vraiment des ornements miraculeux que les *prodiges démontrés* par la bienheureuse.

Et l'adepte de la religion d'amour finit ainsi sa chanson :

Ils seront rares, je le crois, ô Canzone !
Ceux qui saisiront bien le sens de ton dis-
[cours,
Tant tu leur tiens un langage ardu et sub-
[til.
Mais si, d'aventure, en ta course
Tu rencontrais des personnes
Qui ne te paraissent peu sagaces ;
Alors, je te prie de te rassurer,
Dis-leur, ô ma nouvelle fille chérie :
Comprenez au moins combien je suis belle.

Ce fut le destin de l'œuvre dantesque. On comprend combien elle est belle ; on ne saisit pas le sens du discours parce que, au temps où le discours fut tenu, il eût mené son auteur à l'autodafé.

La seconde canzone du Banquet est un beau morceau de lyrisme mystique, mais la troisième nous livrera mieux la doctrine du gibelin. Il y oppose l'idéal des parfaits, des purs, à la vieille hégémonie romaine qui se repose sur son ancienneté, sur sa généalogie pontificale et occupe, comme par héritage, la place des apôtres sans avoir ni leur foi, ni leur charité. La fausse noblesse traditionnelle et héréditaire se trouve en perpétuelle opposition avec la vraie noblesse actuelle et individuelle ; autrement, il compare les purs du néo-christianisme aux impurs de la foi romaine.

Les douces rimes d'amour, que je me plai-
A chercher dans mes pensées. [sais
Il convient que je les laisse, non que je
De revenir à elles. [désespère
Mais parce que les attitudes dédaigneuses
Qui dans ma dame [et fières
Sont apparues m'ont fermé la voie
Du parler usuel.
Et puisque temps me paraît d'attendre,

Je quitterai mon suave style
Que j'employais pour traiter d'amour ;
Et dirai la valeur
Qui fait le gentilhomme
D'une rime âpre et subtile ;
Combattant l'opinion fausse et vile
De ceux qui veulent que de gentillesse
La richesse soit le principe ;
Commençant, je crierai quel seigneur
Habite dans les yeux de ma Dame
Pour qu'elle s'ennamoure d'elle-même.

Dante se commente en ces termes :

J'explique pourquoi je me dépars de mon langage habituel, j'annonce que je laisse les rimes propres à *l'amour*, non par serment de ne plus *aimer ainsi*, mais parce que de nouveaux aspects me sont apparus dans ma dame. Je ne l'appelle fière, dédaigneuse que selon le sens établi, au neuvième chapitre du précédent traité.

Le CIX du III donne ceci :

La dame dont je parle m'ayant paru naguère un peu superbe, je composai une ballade où je l'appelle orgueilleuse et sans pitié ; je m'adresse à elle pour lui enseigner son excuse...

Après quatre pages de dissertation sur la vue et la vision, Aristote et Platon, l'optique et l'illumination mystique se mêlent comme les fils d'une trame multicolore, et le poète conclut :

Comme les yeux jugent faussement l'étoile sur l'apparence, ma ballade considère la dame en question en un aspect contraire à son essence intime ; et je la trouvais fière et dédaigneuse, par ma grande crainte de sa vue et par une infirmité de l'âme que passionnait un trop grand désir ; et emportée par le désir, l'âme passionnée, ne juge plus comme un être humain, selon la réalité, mais comme un animal, selon l'apparence.

Les cantiques de foi que je me plaisais
A chercher dans ma doctrine,
Il convient que je les laisse. Je n'y renonce pas,
J'y reviendrai.
Mais, par son attitude peu satisfaite,
Ma Dame me dissuade
De chanter mystiquement.

Puisque le moment n'est pas propice,
J'abandonnerai le ton extatique
Que j'employais pour traiter de la religion
[d'amour ;
Et je révélerai à quelle marque
On reconnaît le gentilhomme
Avec une rime âpre et subtile
Combattant l'opinion romaine
De ceux qui veulent que la possession
Soit le meilleur titre.
D'abord, je dirai que Dieu
Rayonne dans les yeux de ma Dame
Et que la religion d'amour est bien la
[Vérité.

La noblesse habite où est la vertu (chez les fidèles d'amour) et non toujours la vertu où se trouve la noblesse (Rome) : ainsi le ciel se trouve où brille l'étoile, mais sans réciproque.

Et comme la couleur grise procède du noir (la pourpre procède de l'ombre), de la noblesse émane chaque vertu ou sa racine.

Que nul (pas même le successeur des apôtres) ne se vante en disant : par ma fonction je suis lié à la noblesse. Ceux-là qui lui sont liés (les voyants ou illuminés) sont presque des Dieux.

L'âme, ornée de cette grâce, ne la tient pas close.

Elle apparaît, obéissante, douce et modeste dans le premier âge. Dans la jeunesse elle ne se plaît qu'aux choses loyales. Dans l'âge mur, elle est tolérante ; dans la dernière phase de sa vie, elle s'élève à Dieu dans la contemplation de la fin où elle aspire.

Jugez maintenant combien d'hommes s'abusent, en croyant à la noblesse de l'Eglise actuelle qui, si elle fut d'abord douce et modeste, cessa bientôt d'être loyale, devint de plus en plus intolérante et maintenant dans sa décrépitude ne songe qu'aux biens temporels et s'obstine à augmenter par son injustice son heur matériel.

Notre époque, indifférente en matière de religion, incohérente en philosophie et incapable d'un passionnement, répugne à constater chez des hommes aussi culminants une foi si ardente sur des matières sincèrement dédaignées. Un homme de ce temps, non des moindres, n'a-t-il pas dit :

> Si vraiment ces grands hommes furent mystiques, leur grandeur devient douteuse !

Les autres canzones ne sont pas plus compréhensibles.

Amor dacché convien pur ch'io doglia

Amour puisqu'il faut que je prenne le ton dolent pour me faire entendre et que je fasse comme si *toute vertu était éteinte en moi*, enseigne-moi à pleurer (à feindre) comme j'en ai le dessein de façon que ma douleur (apparente) en se manifestant me laisse la faculté de dire ce que je sens.

Tu veux que je meure (à la gnose) et j'y consens.

Mais qui me défendra si je ne sais pas exprimer (en mon talent, contraint) ce que tu me fais éprouver (mon amour.)

Qui croira que je sois si fortement épris (de notre foi.)

Si pourtant tu me donnes autant d'éloquence que j'ai de peine, fais en sorte, ô Amour, que celle qui m'est si cruelle (Rome ou l'inquisition) n'en puisse rien savoir : car si elle se doutait de se qui se passe dans mon âme, Dame Pitié se montrerait moins belle (l'Eglise serait moins tolérante).

Dans une autre composition : *Doglia mi reca nelle care ardire*, l'envoi est significatif :

Chanson, une dame est proche, qui est notre *payse*. Tous la proclament belle, sage et courtoise : mais personne ne la reconnaît sous les noms de Blanche (Templière), de Giovanna (gïo, joie *gay savoir* ou *giovare* pour *adjuvare*, aider), de Courtoise (Gibeline). Va vers elle qui est close (hermétique, cachée), révèle-lui d'abord qui tu es (affilié), à quelle fin je t'envoie, puis tu feras ce qu'elle t'ordonnera.

Tre donne intorno al cor mi son venute.

Trois dames sont venues vers mon cœur (comme les trois Eleusines de Numénius), car l'amour emplit mon cœur et règne en maître sur ma vie. Elles sont si belles et de tant de vertu que c'est à peine si mon maître Amour ose parler d'elles. Toutes trois sont tristes et abattues comme des personnes poursuivies et lasses à qui tout le monde fait défaut, au mépris de la *vertu* et de la *noblesse*. Il fut un temps où on les chérissait pour leur langage : tous maintenant ne leur témoignent que haine et indifférence. Ainsi délaissées, elles sont venues à moi comme au foyer d'un ami sachant bien y trouver celui que j'ai dit, Marie, Lucie, Béatrice.

L'une se plaint abondamment, elle s'appuie sur sa main *come succisa rosa*, comme une rose coupée; son bras nu, appui de sa douleur, sent le rayon qui tombe de sa face.

L'autre se cache le visage et pleure, pieds nus et les vêtements arrachés ; et Amour vit d'abord de son corps ce qu'il faut cacher : et charitable, il lui demanda la cause de ses peines.

— « Oh! qu'elle a peu à vivre, répond-t-elle », notre nature qui s'abandonne à toi, moi qui suis la plus triste, je suis la sœur de la mère *Drittura,* Droiture et pauvre d'habits et de ceinture.

Après qu'elle se fit connaître ; le chagrin et la honte s'emparèrent de mon Seigneur et il demanda quelles étaient les deux dames. Et celle qui pleurait pleura davantage et s'écria :

« Ne te peine-t-il pas de voir mes yeux ? » Puis elle commença : « Non loin du Nil naît un petit fleuve, là où la grande lumière fait germer la feuille de l'osier.

« Sous l'onde virginale, j'ai engendré celle qui est à côté de moi et qui essuie ses tresses blondes : et cette belle personne, ma fille, en se mirant dans la source claire, engendre celle qui est plus loin. »

L'Amour nomme ensuite ces trois Dames : Droiture, Générosité et Tempérance ; mais, en réalité, celle qui vient du Nil, c'est la gnose. Lucie ou Luce est née de la tradition orientale, elle est blonde, pour indiquer son essence franke ou occidentale.

Les trois éplorées, mère et filles, l'un par rapport à l'autre, résistent à l'explication : le poète le reconnaît dans l'envoi :

Chanson, que nul homme (agnostique) ne porte la main sur les symboles pour voir ce que cache une belle dame. Que les parties nues suffisent. Refuse à tous le doux fruit vers lequel tout le monde tend la main. Mais si tu rencontres quelque ami de la vertu (affilié), montres-toi à lui sous des couleurs nouvelles et fais désirer aux cœurs *amoureux* cette fleur, belle au dehors.

Les partisans les plus entêtés du Dante amoureux et galant conservent-ils quelque doute sur le sens mystique des chansons, que nous retrouverions identique dans les ballades et les sonnets ?

III

DE VULGARI ELOQUIO

On convient généralement que l'Alighieri incarne le moyen âge et que la *Divine Comédie*, rangée parmi les chefs-d'œuvre de l'esprit humain, est le seul poème épique de l'ère chrétienne. Mais l'admiration se comporte en face du livre prodigieux comme à l'aspect des grandes cathédrales : on s'extasie sur la majesté du monument, sur les proportions admirables, on fait la génuflexion et on passe, sans regarder ni les vitraux pleins d'évocations symboliques, ni les chapiteaux historiés de figures satiriques.

Parmi les plus enthousiastes de la statuaire grecque, qui se doute de l'idéogrammatisme de la *Vénus de Milo* ou du sens si pessimiste de ces poupées funéraires que nous appelons des Tanagras ?

La *Divine Comédie* littérairement plane sur l'imagination universelle : spirituellement elle dresse son énigme sans que nul Œdipe s'aventure à l'expliquer. On trouvera peut-être quelque intérêt à feuilleter ésotériquement les trois ouvrages où Dante a laissé voir sa très secrète pensée.

Le traité de *l'Elocution vulgaire* est probablement de 1319 ou 1320, antérieur d'un an ou deux à la mort du poète. De nombreux commentaires ont été faits, par des régents qui ne virent qu'un art poétique, une sorte de philologie mêlée de prosodie dans ce traité de cryptographie ou de stéganographie.

Les professeurs officiels n'hésitent pas à écrire : « En lisant le traité de *l'Eloquence vulgaire*, on apprendra au prix de quels savants et consciencieux travaux s'est formée cette langue de bronze qui, mise en fusion à la flamme du génie, reçoit de la pensée une empreinte fidèle et indestructible. »

En d'autres termes, le *Traité de l'Eloquence vulgaire* serait un traité d'éloquence, une rhétorique, la rhétorique de Dante ! Les patentés ont-ils lus cette institution oratoire ? Ils sont docteurs ès lettres, et naturellement ils n'y ont vu que des mots.

I. — Pourquoi ce traité de la langue vulgaire est-il en latin, puisque Dante prétend s'adresser, non seulement aux hommes, mais aux femmes et aux enfants ?

Le poète promet de leur faire boire un suave hydromel, *verbo aspirante de cœlis*.

Comment accommoder ce langage emprunté à celui du ciel avec cette destination ? Ce serait déjà trop présumer des hommes d'élite. En outre, il définit le langage vulgaire, « celui que les nourrices apprennent à l'enfant, dès qu'il peut distinguer les mots ».

« L'autre langage où peu de gens parviennent est appelé grammaire par les Grecs » ; et de celui-là, Dante ne s'occupera pas.

Les anges ni les animaux ne parlent. Les pies imitent la voix de l'homme, qui seul est doué de la parole. Tandis que les intelligences célestes se pénètrent, le mortel ne peut échanger sa pensée que par le langage.

Adam parla avant Eve. « Nulle personne dont l'esprit est sain ne saurait hésiter sur la première parole qu'il prononça, je ne doute pas que ce ne fût « Elie ou Dieu. » Or cette parole est, à la fois, une façon d'interrogation ou de réponse.

Avant la prévarication de l'espèce humaine, tous les discours commencaient par *a gaudio* ; depuis ils commencent tous par *heu !*

On verrait à tort, sous ce symbole biblique, une intention historique. Dante noie sa pensée dans un flot de citations et de souvenirs scolastiques, non qu'il sacrifie à la mode de son temps, mais il masque ainsi son intention. Il est pédant comme Rabelais est comique, pour la même raison : et il ne faut pas trop s'étonner de son obscurité, et de nos peines à la percer. Elle devait résister à la perspicacité, autrement aiguë que la nôtre, des révérends inquisiteurs qui certes, avec deux lignes d'un homme, se chargeaient fort bien de le faire brûler, *ad majorem Dei gloriam*.

Dante recherche quelle fut la langue primitive ? « La maternelle est si naturellement chère à tous que chacun est prêt à soutenir qu'elle fut la langue d'Adam ? Le latin aurait-il cet honneur, le latin parlé à *Pietramala*, ville *amplissima* sous ce rapport comme sous beaucoup d'autres, et du reste, patrie de la majeure partie des enfants d'Adam ? Non, la première parole fut hébraïque : *Eli !* Ensuite Dante raconte l'histoire de la tour de Babel et comment les langues se sont séparées selon les métiers, et comment, ô singularité ! ce furent les ouvriers de l'ordre le plus élevé qui choisirent l'idiome le plus barbare.

Ceux qui gardèrent *la langue sacrée* n'étaient pas là et ne commandaient pas : ceux-là, peu nombreux, étaient de la race de Sem.

Dante ne croit pas que les hommes aient été dispersés lors de la confusion des langues. *Radix humanæ propaginis in oris orientalibus sit plantata.* La racine de la lignée humaine fut plantée en Orient. Notre race poussant des rejetons de différents côtés, *multipliciter palmitas,* elle s'étendit jusqu'aux confins de l'Occident et *guttura rationalia,* des bouches rationnelles, burent à quelques fleuves d'Europe. Soit que ceux-là fussent des étrangers, soit qu'ils eussent quitté l'Europe quoique y étant nés, ils y apportèrent un triple langage : *idioma trifarium attulerunt.*

Les uns affirment par *oc,* les autres par *oil,* les derniers par *si.* Mais, remarque le gibelin, tous disent de même : *Dieu, ciel, amour, mer, terre, vivre, mourir, aimer,* et d'autres mots encore.

« Si nous examinons attentivement *nos autres œuvres,* nous nous découvrirons plus différents de nos aïeux que des étrangers nos contemporains : aussi j'affirme que si les anciens *papienses* ressuscitaient, ils parleraient un autre langage que les *papiens* d'aujourd'hui. Seuls des hommes peu différents des brutes croient qu'on a toujours parlé le même langage, dans une même ville.

« L'art de la grammaire, cette inaltérable conformité de manière de parler, est réglé d'un commun accord et n'est soumis à l'arbitraire de personne. La langue d'oil l'emporte ; pour sa facilité, elle peut revendiquer tout ce qui a été traduit et *Arturi regis pulcherrimæ ambages* ; la langue d'oc, plus parfaite et plus douce comme vulgaire éloquent ; la langue de si s'appuye davantage sur la grammaire commune. Le gibelin compte quatorze dialectes italiens ! Celui des Romains est le plus honteux (*turpissimum*) de toute l'Italie et il n'y a pas à s'en étonner : leurs mœurs et leur manière de vivre, dans sa difformité, dépassant tout ce qu'il y a de plus fétide ! Presque tous les

Toscans sont obtus dans leur vilain langage : *in suo turpiloquio sint obtusi*. Bologne seule pourrait avoir la palme du langage, quoique les Bolonais du bourg Saint-Félix et ceux de la Grande-Rue ne parlent pas la même langue. Celle des Siciliens est la plus honorable parmi toutes celles que Dante a passées au crible. Les gens d'Apulie barbarisent honteusement, à cause du voisinage des Romains.

Après des citations de mots divers de chaque prétendu dialecte, Alighieri déclare que l'idiome vulgaire est celui qu'on rencontre dans toute l'Italie, sans qu'il soit plutôt dans une ville que dans une autre, quoiqu'il puisse exhaler plus d'odeur ici ou là, comme le fait la plus simple des substances qui est Dieu ; l'idiome vulgaire vraiment illustre, cardinal, aulique et courtisan, est celui d'après lequel il faut mesurer, peser et comparer tous les dialectes.

Illustre, *illuminans et illuminatum præfulget*, il remplit un sublime ministère (*sublimatum est magis-*

tratu et potestate). Sa puissance est telle qu'il peut changer le cœur des hommes les amener à vouloir ce qu'ils ne veulent pas, comme il a fait et comme il fait encore. Ceux qui le cultivent l'emportent en honneur sur roi, marquis, cardinal, et sur les autres grands.

Cardinal, il est le gond qui entraîne la porte, il sème et greffe sans cesse de nouvelles plantes.

La curialité n'étant qu'un pesage des choses qui sont à faire, tout ce qui est bien pesé s'appelle curial... Quoique nous n'ayons pas de curie en Italie, puisqu'on entend par là seulement celle du roi d'Allemagne, il serait faux de dire que nous autres Italiens nous n'avons pas de curie, mais elle est dispersée corporellement et ses membres ne sont reliés entre eux que par la *gracieuse lumière de la raison*.

L'idiome illustre ne convient pas même aux meilleurs poètes ; il veut des hommes qui lui soient assimilés, *consimiles viros ;* il faut savoir proportionner l'ornement à la matière et ne point parer d'or et de soie une femme hideuse à moins qu'on ne sache séparer au besoin l'ornement du sujet, car, la séparation faite, ce qui est vil apparaît plus vil encore.

Quel sujet convient à l'illustre idiome ? *Aliud dignum, aliud dignius, aliud dignissimum*, car il y a dans l'homme trois esprits et il va par trois chemins à l'utile, à l'agréable et à l'honnête. Rien de plus utile que le salut, de plus agréable que l'amour, de plus honnête que la vertu, *armorum probitas, amoris accensio, directio voluntatis*. Bertrand de Born a chanté les armes, Arnand Daniel l'amour, Cino da Pistoie la droiture.

Quiquid versificamus sit cantio. Les chansons ont plus de noblesse que les ballades, parce qu'elles font elles-mêmes tout ce qu'elles doivent, sans aucun besoin d'accompagnement. L'art tout entier ne se trouve que dans les chansons ! En elles seules sont descendues à leurs lèvres les plus hautes pensées des poètes. Pour qui met quelque doctrine dans ses œuvres le mode tragique s'impose dans le chant du salut, de l'amour et de la vertu. Pour réussir en style convenable, il faut un art constant et être versé dans les sciences.

Le vers est celui de onze syllabes, celui des docteurs de Languedoc et de Provence, *superbissimum carmen*.

« On appelle construction la combinaison d'après certaines règles. Il y a des constructions congrues et d'autres incongrues, de très pleines d'urbanités et d'insipides. ».

Dix chansons sont citées comme exemples.

Le choix des mots est puéril, féminin ou viril.

Parmi les virils il y en a de sylvestres, d'urbains, de peignés, de coulants, de hérissés, de boursouflés, ceux-là qui résonnent inutilement. *Peignés* sont les mots de trois syllabes ou de deux, qui font éprouver à qui les prononce une certaine douceur, tels : *amore, donna, dizio, virtute, donare, letizia, salute, difesa*.

La chanson est l'assemblage tragique de stances égales, sans dialogue, dont une sentence sera le but final.

La stance, vaste chambre, est le réceptacle de tout l'art.

Ce qui suit semble vraiment prosodique : l'ouvrage du reste ne nous est pas parvenu complet ou n'a pas été achevé, Je l'ai résumé tel que chacun peut le lire en sa littéralité : j'essayerai maintenant de le traduire, de lui attribuer son véritable sens. Le lecteur sait au moins que Dante n'était ni un maniaque de la tabulature, ni un esprit ingénu. Lorsqu'il nous paraît ridicule, c'est qu'il se moque de nous et son obscurité, forte à dessein, cache toujours une idée nette. Dante comparut devant l'inquisiteur, on l'avait dénoncé comme hérétique et il fut exilé par le parti romain. Le vrai titre de ce traité serait : *De la libre pensée en langue vulgaire*, en ayant soin de remarquer qu'au XIIIe siècle le libre penseur s'écartait seulement de l'orthodoxie, tandis qu'aujourd'hui il ne pense rien, simple négateur sans doctrine.

Tout homme a besoin de communier avec ses semblables, c'est-à-dire avec ceux qui croient, aiment et espèrent comme lui et même les femmes et les enfants (néophytes). Combien, semblables à des aveugles par les rues, se trompent sur l'ancienneté et la légitimité de certaines institutions (*anteriora posteriora putantes*) ! Dante aspirant le Verbe des cieux va le leur communiquer, en leur enseignant à s'entretenir librement dans leur langue maternelle. Il n'est question du serpent de la Genèse et de l'ânesse de Balaam que pour arriver à atteindre *les pies* (les pieux) imitateurs de la voix humaine et de l'homme raisonnable. Or, la raison varie d'individu à individu et ses opérations constituent la liberté de la pensée. Pour le premier mot prononcé par le premier homme : ELI, faut-il le lire, avec Aroux, *Enrico Luxemburghere Imperator ?* Le gibelin nous avertit que ELI est un mot de question ou de réponse, c'est-à-dire de reconnaissance. Dans le *Paradiso*, Adam dit seulement I, première lettre d'Imperator ou dixième lettre hébraïque, le jod sacré ?

L'évocation de la Tour de Babel s'applique à un événement du temps, extermination des Albigeois et des Templiers peut-être. Avant la prévarication, les discours commencent par *a gaudio*, il faut traduire ou par Gault, d'où vint Gothique, et ensuite Goliard ou Gouliard, ou par *gaudium*, et malgré soi on pense au papegay (perroquet des maçons) et au gay savoir ou gaie science, l'art des Galls ou coqs.

Pietramala (mauvaise pierre), Rome, est *amplissima* et patrie du plus grand nombre des hommes. Cela est clair. L'initiation vint d'Orient, apportée par des étrangers juifs, maures, sarrasins, ou rapportée par les Croisés ; et cette initiation donnait aux mots un triple sens. Aussi Dante ne s'occupe que des langues romanes, provençal, languedocien et italien. L'identité des mots cités correspond à une identité d'idée ; car l'exemple du c. VII du l., fournit : *Amour, donne désir, vertu donne re* (*roi*), *joie, salut; sécurité, défense.*

Si un professeur vient dire que Dante ne prétend que citer des mots peignés, trisyllabiques, *vel vicinissima trisyllabitati*, on priera ledit professeur de commenter cet autre mot servi par l'Alighieri pour les naïfs : *sovramagificentissimamente*.

Le temps, maître des changements, amène plus de différences que l'éloignement. Dante s'entendra plutôt avec un kabbaliste d'Asie qu'avec les papaux d'autrefois, et les papaux d'autrefois, s'ils ressuscitaient, n'admettraient pas la Papauté d'aujourd'hui. Il faut être presque une brute pour croire que l'œuvre des apôtres se retrouve dans l'œuvre des papes et nommément de Clément V. « Notre race » veut dire race latine, mais s'étend au spirituel ; notre communion, celle des gosiers raisonnables qui n'avalent pas les assertions comme pâté et qui jugent d'abord la nourriture morale qu'on leur propose. Le mot « palmites » correspond singulièrement aux *Palmieri* de la *Vita Nuova*, pèlerins ou croisés de Syrie qui rapportèrent ce langage à triple sens. La grammaire de Dante, cette inaltérable conformité de manière, doit s'entendre de penser autant que de parler. L'oil a eu la traduction de la Bible, c'est-à-dire la *mise* en critique des livres sacrés et en plus les ambages de la Table Ronde et ceux, si divers, du Saint-Graal. En effet, cette grammaire est commune à la France et à l'Italie.

Ce que dit le gibelin sur la pureté du langage de Bologne, sur la honte de celui de Rome s'applique à la doctrine. Sans cela, on ne comprendrait pas que le parler de la ville éternelle fût *turpissimum ;* les mœurs dépassant ce qu'il y a de plus fétide désignent le pouvoir temporel. Comme Bologne, la Sicile est louée pour sa libre pensée, manifestée par l'empereur Frédéric et son digne fils Manfred, qui, tant que la fortune leur fut propice, répudièrent l'abrutissement : et en l'espèce l'abrutissement est l'obéissance à Rome. *In suo turpiloquio sunt obtusi Toscani* ne peut pas s'appliquer au dialecte florentin ou siennois, mais à l'orthodoxie de ces villes. Après nous avoir amusés de citations patoises et avoir loué et blâmé les cités pour leur dialecte, l'écrivain nous déclare que l'idiome vulgaire *in quodlibet redolet civitate, nec cubat nulla. Redolere* équivaut à exhaler une odeur, odeur de roussi, odeur de bûcher, antithétique à odeur de sainteté.

Un idiome, qui change le cœur des hommes et les amène à vouloir ce qu'ils ne veulent pas, ne peut être que le langage conventionnel d'une société secrète. Cet idiome arrache les ronces et les épines de la forêt italique, il sème, il greffe ; c'est la gracieûse raison qui unit sa curie, corporellement dispersée. Comment mieux spécifier la maçonnerie de ce temps et sa doctrine rationaliste ?

L'idiome ne doit être employé que par les affiliés ; il ne convient pas au simple poète : les sujets, au nombre de trois, ne correspondent guère à la notion commune de la poésie « fiction de rhétorique mise en musique ».

Vraiment ce traité ne servira à

personne pour se former une langue de bronze. Il était destiné, dans l'esprit de son auteur, aux lettrés de sa communion, pour leur apprendre à bien lire le *Canzoniere* et à généraliser la chanson maçonnique comme moyen sûr d'exprimer les idées de la secte, sans éveiller les soupçons de l'inquisiteur.

Libre aux universitaires de prendre encore ce manuel de cryptographie pour un *art poétique*. On leur demandera seulement d'expliquer comment l'Italien de Bologne obtient la palme de la pureté, tandis que celui de Rome est tenu pour le pire, si vraiment *Pietramala* désigne le bourg toscan et *papienses* les habitants de Pavie. Pour M. Labitte, « Dante prend sa langue splendide à tous les patois italiens qu'il émonde et qu'il transforme, par un habile et souverain éclectisme ». On peut relire aussi l'étude de W. Schlegel, l'oracle de la critique allemande, cette critique tellement surfaite et qui n'impose qu'à des gens du monde.

Nous avons vu que le premier

mot du premier homme pouvait signifier *Henri de Luxembourg Empereur* et aussi les éloges profonds décernés à Frédéric de Sicile, à son fils Manfred ; nous savons que le parti des noirs ou gibelin est celui de l'empire. Abordons la politique de Dante avec une estimation déjà précise de ses idées.

IV

DE MONARCHIA

Le pouvoir temporel et même le pouvoir spirituel, tel qu'il s'affirmait en l'an 1300, faisait du Pape le plus redoutable des despotes italiens ; et les gibelins, pour la plupart, ne voyaient dans l'empereur qu'un monarque qui les délivrerait du Pape. Là où Frédéric avait succombé, Henri VII, qui venait de se faire couronner à Rome, demanda probablement à Dante un manifeste, le représentant comme un sauveur. On a traité à tort ce traité de pamphlet ; le ton en est grave, mesuré et les susceptibilités pontificales y sont ménagées, autant que la thèse le permettait.

Le *De monarchia* commence par une critique des formes gouvernementales. Pour le gibelin, aristocratie et démocratie sont des solutions obliques, il préconise la monarchie, *quam dicunt imperium unius principatus ;* il l'appelle temporelle pour ne pas offusquer le pontife romain. Toutefois, sa monarchie n'est point nationale, c'est la monarchie universelle qui laisse subsister dans chaque pays le gouvernement en usage, une confédération occidentale, présidée par l'empereur. Royaumes ou municipes gardent leurs lois et ne relèvent de l'Empereur que pour trancher leurs conflits.

Le manifeste se divise en trois points. La monarchie est-elle nécessaire? Le peuple romain a-t-il le droit de l'exercer? L'empire universel relève-t-il de Dieu ou des vicaires ?

La monarchie assure la paix : une seule volonté en terre comme au ciel. Le monarque universel n'a plus de voisins, il ne peut rêver de conquête, il assure la liberté comme la paix.

Ens enim natura producit unum,

unum vero bonum, l'être par sa nature produit l'unité et l'unité le bien. L'homme asservi à l'autorité (sous-entendue spirituelle) ressemble à la brute, tandis que l'indépendant ressemble à l'ange, dont l'option est libre.

Le droit (*jus*) n'est que la volonté de Dieu. Or, Dieu voulut l'empire du peuple romain, donc le peuple romain a droit à l'Empire. L'argument semble si pauvre qu'il nous en donne un autre, bien étonnant. Si l'empire romain n'avait pas été prédestiné au sceptre universel, Jésus-Christ ne serait pas mort pour le rachat de l'humanité, au nom d'une sentence romaine. Jésus a péri comme blasphémateur de Moïse, dont Ponce-Pilate se moquait fort, Rome n'a fourni que des exécuteurs. La sentence fut juive, à la fois fanatique et méditée, et parfaitement conforme à la loi hébraïque. Le troisième livre du traité seul importe : Dieu ne veut pas de ce qui répugne à l'intention de la nature.

Zelo fortasse clavium ; les pasteurs tombent en rage au seul nom d'empereur et les décrétalistes aussi. Dante prend l'un après l'autre les arguments du Saint-Siège, le privilège de Lévi, l'élévation, le sacre et la déposition de Saül par Samuel, le pouvoir de Pierre, et autres sujets bibliques.

Otez le nom de l'auteur, personne ne lira ce lourd document, doublement ennuyeux parce qu'il traite de politique et qu'il est fait de centons ecclésiastiques, tirés de l'Ancien Testament.

Certainement l'Alighieri était un doctrinaire convaincu ; en lui bouillonnaient, ardentes et vengeresses, les haines de Toulouse et les haines du Temple ; et peut-être le seul intérêt du traité réside-t-il à suivre le patelinage onctueux de ce formidable adversaire de Rome et le clignement de l'expression sur l'idée assez semblable à la dissimulation des félins. Sous la patte, ou le calame de velours, on sent la griffe frémir de rage contenue.

Il importe assez peu de juger la doctrine dantesque. Utopie ou illumination, sa thèse ne nous intéresse que parce qu'elle fut la sienne.

Pour une certaine catégorie de gens qui connaissent les coulisses et les dessous du théâtre politique, les programmes et les théories ne sont en réalités que des décors et des machines qui cachent la réalité vile et sale des intérêts. Ce qu'on peut dire de plus courtois pour l'humanité, c'est que souvent les intéressés confondent leur heur et un système ; et comme on ne ment jamais aussi bien qu'à soi-même, certains hommes parviennent à se persuader qu'ils servent une idée, satisfaisant leur passion.

Qui éclaircira, dans ce manifeste au profit d'Henri VII, si Dante voulait vraiment un empereur ou seulement l'abaissement et le vasselage de la Papauté ?

Il ne nie pas la donation de Constantin, mais il la déclare illicite : l'empereur n'avait pas le droit de morceler l'empire.

Le seul argument valable pour nous, et que l'auteur a le moins développé, découle de l'essence du pouvoir spirituel, incompatible avec le temporel.

L'armée du Pape a toujours été une expression étrange, comme l'est encore la cour du Pape : nous nous étonnons de la conquête des Romagnes, comme de l'actuelle ressemblance entre le Vatican et Monaco.

Au-dessus des évocations politiques, la théocratie se détache par l'ampleur et la beauté du tableau ; mais de tous les périls que l'homme puisse courir, aucun ne cause autant d'effroi que le pouvoir sacerdotal. Ceux qui se prétendent inspirés de Dieu dépassent les autres en implacabilité.

La critique des doctrines commence par la connaissance de l'homme : car l'homme ajoute à l'idée qu'il épouse une part de fange, de sang ou d'erreur. On peut tout attendre de notre espèce, sauf de la modération, de la tempérance et des mesures ; et la méfiance qu'on dédie aux doctrinaires prend sa raison dans l'imperfection humaine qui pousse toute activité jusqu'à l'excès.

Or, le danger du théocrate, ce qui le rend insociable et terrible, c'est l'idée qu'il pense, veut et frappe, pour Dieu.

En demandant l'abolition du pouvoir temporel, Dante était meilleur catholique que le Pape.

L'homme a été créé pour une double fin, également heureuse, la paix en ce monde et en l'autre.

Le Souverain Pontife le conduit, par la révélation, à la vie éternelle, l'empereur lui donne la félicité temporelle, par des enseignements philosophiques.

Dante nous étonne, malgré que nous tenions compte de l'époque. *Solus eligit Deus, solus ipse confirmat*. Aucun croyant n'oserait à notre époque attribuer à Dieu une élection ni de naissance ni de puissance. Ce sont accidents de fourmilières où la divinité n'intervient pas, mais seulement le déséquilibre et cette absurdité sexuelle qui commence au mythe du péché originel.

Le traité de la Monarchie sera l'œuvre d'un jurisconsulte ou d'un humaniste qu'on y verrait un écrit de circonstance et de commande où l'auteur s'inquiète peu des conséquences de sa plaidoirie et de leur prolongation doctrinale.

Dante, d'après la tradition, « parlait rarement, à moins qu'on ne l'interrogeât: sa figure était mélancolique et pensive » et ce qu'il a laissé témoigne d'un esprit très réfléchi, incapable de légèreté. Ce grand poète envisageait toujours la parabole d'une idée avant de l'écrire; et pour cela c'est le père du socialisme, — qui ne s'en doute guère.

Nous le verrons dans le *Convito*, son testament philosophique, s'élever contre l'hérédité des biens comme des titres, ainsi que nous le voyons déjà revendiquer la liberté de pensée.

Ni monarchie universelle, ni république universelle ne sont des formules sérieuses sous la plume de ce visionnaire fort clairvoyant et rusé aux choses de ce monde: je doute qu'il ait conçu une pareille insanité. La politique de Dante découle de sa croyance, il aime l'empereur par haine du Pape. Figurons-nous le pontife à l'état de patriarche sans pouvoir, le gibelin n'aurait plus eu peut-être tant de zèle pour le sceptre.

Ozanam, défenseur de l'orthodoxie du poète, avoue « qu'il poussait ses déductions jusqu'aux plus démocratiques et impraticables maximes ». Il a fait à lui seul tout le chemin parcouru de Machiavel à la Révolution française.

« A chacun suivant sa capacité, à chaque capacité selon ses œuvres n'est que l'écho des vœux exprimés dans un jour de mécontentement, par le vieux chantre du moyen âge. » Le *De Monarchia* fut condamné par Rome ; et cela se conçoit, car cette fois, celle-là seulement, il attaqua la suprématie romaine, en forme dialectique et à visage découvert.

Tout le monde sait que Dante était un gibelin, mais on se borna à voir en lui un partisan de l'empereur jusqu'au jour où Rossetti en Angleterre et Aroux en France dévoilèrent l'hérésie du poète. Toutefois M. Rossetti, dont je n'ai pas lu les ouvrages, alla trop loin, à en juger sur le seul titre *De l'esprit anti-papal qui produisit la réforme.* Il n'y a aucun rapport entre le Pythagorisme illuminatif de l'Alighieri et l'esprit court, lourd et banal de l'Augustin. L'Allemand emporta une victoire sur le même adversaire que le Florentin avait combattu, mais leurs bannières ne portaient ni mêmes couleurs ni semblables emblèmes.

Boccace, qu'on ne lit qu'au lycée, comme mauvais livre, entre les *Contes de Lafontaine* et *Brantôme*, pour y trouver des salacités, a commenté l'Alighieri et en termes admirables de solennité. La poésie, dit-il, est une théologie. Les traces de la science éternelle sont voilées dans l'Ecriture-Sainte comme dans les poètes. Sous ce voile se conservent les vérités qui seront complètement démontrées à la fin des siècles... J'irai jusqu'à avancer que la théologie n'est rien qu'une poésie de Dieu et une fiction poétique... Non seulement la poésie est théologie, mais encore la théologie est poésie.

Est-ce assez clair ? Peut-on dire

plus explicitement que Dante est un théologien et traite de religion ? Le *De Vulgari Eloquio* enseigne à exprimer la libre pensée en langue vulgaire, le *Convito* va nous révéler la pensée de Dante ; le titre déjà emprunté à Platon (*Convito* traduit le mot Symposion) nous avertit de l'importance du discours : si la clé qui doit ouvrir les trois portes de la Comédie n'est pas là, il faudrait se résigner à ne jamais la saisir.

Elle y est, quoique cachée, et comme elle appartient à l'espèce de ces *objets-fées* qui brillent dès qu'on les manie convenablement, nous pénétrerons peut-être dans un sanctuaire !

Le *Convito* devait-il avoir quatorze livres, comme l'auteur le dit ? Nous n'en possédons que quatre.

En apparence, et pour les frelons, ces quatre livres ont été écrits afin d'expliquer trois chansons. Je résumerai l'ouvrage en donnant, dans certains passages importants, le mot à mot italien.

Toute chose, sous l'impulsion providentielle, tend à sa perfection et la science est la perfection de l'homme. Aussi le désir de savoir se manifeste-t-il en lui, chaque fois qu'il est bien constitué organiquement et qu'il ne cède ni à la nécessité, ni à la paresse.

Bienheureux ceux qui s'assoient à la table où l'on mange le pain des anges et malheureux, ceux qui partagent la nourriture des bêtes.

Les convives élus s'apitoyent sur ceux qu'ils voient broutant de l'herbe et des glands ; ceux qui savent offrent libéralement leur précieuse richesse aux véritables pauvres.

Moi, qui ne m'assieds pas à la bienheureuse table, mais qui, transfuge des pâturages du vulgaire, ramasse aux pieds des convives les parcelles du festin, en pensant à la misérable vie de ceux que j'ai laissés en arrière, je réserve pour les pauvres une portion de ce que je recueille. Maintenant je veux leur dresser la table et leur offrir un banquet des aliments révélés et du pain préparatoire qui accompagne une telle nourriture. Sans ce pain, on ne saurait la goûter.

« Nul ne doit s'asseoir à mon banquet s'il n'a les organes bien disposés : les dents, la langue et le palais. Vienne quiconque, grâce aux labeurs domestiques et autres, aura subi la faim humaine. A leurs pieds viennent ceux, qui par inertie, ne se mirent pas en état de s'asseoir plus haut, ceux-là aussi recevront ma nourriture.

« La substance du banquet sera de quatorze services, quatorze canzones traitant d'amour et de vertu. Séparées du pain que voici *je veux dire la présente exposition,* elles resteraient obscures, mais cette exposition renferme la lumière qui fera ressortir *toutes les couleurs de leurs sens.* Dans le *Convito,* la matière est plus virilement traitée que dans la *Vita Nuova* : je n'entends pas la renier, mais fortifier une œuvre par l'autre.

« Ma véritable intention, en écrivant mes *canzones,* différait de l'intention apparente : j'entends les éclaircir par une interprétation allégorique et raisonnée. »

Est-il besoin de commenter ce premier chapitre ? Dante donne la science comme suprême perfection, formule rationaliste que redira Léonard de Vinci ; mais il l'appelle aussi le pain des anges, en opposition à la pâture du troupeau ecclésial et il l'offre à tous. N'oublions pas que le commentaire s'applique à la *Divine Comédie*, déjà écrite à ce moment.

II. — On nettoie le pain, au moment du repas ; Dante enlèvera deux taches à cette exposition : l'abus de parler de soi-même et l'irrationalité d'une exposition trop approfondie.

De quoi le poète se justifie-t-il dans les propos suivants ? Se déprécier est blâmable ; on ne doit confier ses fautes qu'à son ami et on n'a pas de meilleur ami que soi-même. Qui se blâme lui-même avoue qu'il connaît son vice et sa méchante nature : mieux vaut se taire. Parler de soi-même, c'est parler faux ou relativement à la chose dont on parle ou relativement à sa propre pensée.

Louer quelqu'un en face, c'est le forcer à se louer ou à se blâmer lui-même, suivant qu'il déclare ou qu'il admet l'appréciation.

Il n'est permis de parler de soi que pour éviter une grande infamie ou un grand péril.

Ainsi Boèce se parla à lui-même pour effacer l'éternelle infamie de son exil.

On peut encore parler de soi, quand il en résulte un enseignement pour autrui : ce qui décida Augustin à écrire ses *Confessions*. Ces deux exemples me justifient : je cède à la crainte de l'infamie et au désir de laisser un enseignement.

L'infamie que je crains, c'est qu'on suppose que la passion et non la vertu inspira mes canzones et mon désir est de révéler le vrai sens de ces canzones. Nul, si je ne le révèle, ne le découvrirait.

III. — « Mon commentaire sera un peu dur à comprendre, mais je le fais ainsi à dessein pour éviter un défaut plus grave (*celui d'être entendu de l'inquisiteur*). Plût au dispensateur de l'univers que la cause de ma justification n'eût jamais existé ; je n'aurais pas souffert la peine injuste de l'exil et de la pauvreté. Car, aux citoyens de la belle et chère fille de Rome, Florence, il a plu de me jeter hors de son doux giron : depuis lors j'ai parcouru, quasi-mendiant, presque tous les lieux où on parle ma langue natale ;... j'ai paru vil aux yeux de beaucoup et la dépréciation s'étendit à mes œuvres anciennes ou futures. »

IV. — La majeure partie de l'humanité vit d'après le sens et non d'après la raison. Souvent joyeux et souvent tristes, de délectations et de tristesses éphémères, vite amis, vite ennemis, ce sont des enfants que les hommes.

L'envie engendre le mauvais jugement et puis l'impureté humaine toujours souillée de quelque passion.

J'entreprends le présent ouvrage, avec un style plus haut et plus grave, pour me donner une autorité plus grande.

V. — Voici le pain purifié. Pourquoi est-il de blé et non de froment, pourquoi ceci est-il en vulgaire et non en latin ? Pour trois raisons, une de convenance, l'autre de libéralité et la troisième d'amour.

Franchise d'âme et force de corps sont ordonnées pour la chevalerie ; soumission et habileté pour un serviteur. Or, ce commentaire des *Canzones* n'aurait pu accomplir sa mission en latin.

(Le lecteur est prié d'entendre par le latin l'orthodoxie romaine et par le vulgaire la doctrine secrète professée par Dante.) La langue ici signifie la communion religieuse. Le latin est souverain, éternel et incorruptible ; tandis que le langage vulgaire se transforme et se plie au *ton de l'agrément*. Cette matière sera traitée, s'il plaît à Dieu, dans un livre que j'ai l'intention de composer sur *la langue vulgaire*.

Le latin n'aurait pas été serviteur, mais souverain des langages laïques ou vulgaires, souverain quant aux *Canzones* (qui sont toutes anti-papales).

L'habileté du serviteur exige la connaissance du caractère du maître et la connaissance exacte de ses amis. Or, le latin ne connaît le *vulgaire* de chaque peuple, ni par conséquent ses maîtres ; toute chose qui procède d'un ordre pervers (Rome) est pénible, amère ; et comment obéir à un joug amer ?

Ceux qui désirent comprendre les *Canzones* sont beaucoup plus nombreux que les lettrés et le latin ne les aurait divulguées qu'à ceux-là. En revanche il les aurait exposées à des peuples de langue étrangère et il aurait dépassé son mandat. Car les *Canzones* ne veulent pas qu'on les traduise. Que chacun le sache : nulle œuvre harmonisée (*dont les mots ont un sens ésotérique*), d'après une loi mosaïque ne peut se transporter d'un idiome dans un autre sans perdre sa douceur et son harmonie (son double sens convenu).

VII. — La façon de donner doit être pareille à celle de recevoir, convenable et utile. Le don, pour être libéral, doit devancer la demande. C'est pourquoi Sénèque dit : « Rien ne s'achète plus chèrement que ce *qui se paie avec des prières.* »

VIII. — Le bienfait réel de mon commentaire est de révéler le sens des *Canzones*. Ce sens a pour but de conduire les hommes à la science et à la vertu. L'amour nous porte à magnifier l'objet aimé, à le défendre.

Je magnifie mon idiome en montrant son excellence occulte et virtuelle, mère et conservatrice des vertus et des vrais amis, des richesses et des grandeurs.

IX. — A l'infamie, à l'opprobre éternel des mauvais Italiens qui vantent le vulgaire étranger et rabaissent le leur, je dis que leur acte est cinq fois abominable : par cécité de jugement, par fourberie dans l'excuse, par soif de vaine gloire, par invention d'envie, par pusillanimité.

Celui qui est aveugle physiquement juge d'après les autres. L'aveugle du discernement suit également l'opinion d'autrui.

Ces aveugles, dont le nombre est infini, la main sur l'épaule des menteurs, sont tombés dans le *fossé de la fausse doctrine.*

La seconde hérésie opposée à notre vulgaire est celle qui donne tort à l'instrument dont ils veulent se servir. Boèce élève la voix contre ceux qui dédaignaient le latin de Rome pour vanter la grammaire grecque. J'affirme qu'on foule aux pieds l'idiome italien, en exaltant le dialecte de Provence.

(Jusqu'à Dante, le provençal avait été l'idiome hérétique, il veut qu'on le trouve en Italie ; le provençal fut excommunié comme tel en 1245) (1).

X. — La troisième hérésie opposée à notre vulgaire est la vaine gloire de s'exprimer dans une langue étrangère ; la quatrième de ce que l'œuvre se trouve dans la parité, l'égalité que le vulgaire met entre les hommes d'une même langue ; la cinquième vient de la bassesse d'âme. La mesure qui a servi à

1. *De Parsifal à Don Quichotte* (Sansot).

l'homme pour se juger, lui sert pour toutes choses qui le concernent ; et qui s'estime peu, n'estime rien, ni personne à sa valeur.

Ces abominables pleutres d'Italie méprisent notre vulgaire. Il n'est vil qu'en passant par leur bouche adultère et courtisane !

XI. — La proximité, la bonté font naître l'amour ; le bienfait, la sympathie et l'accoutumance en sont les causes augmentatives. Ainsi s'est fortifié mon amour du vulgaire.

La vertu la plus aimable et la plus humaine est la justice qui réside seulement dans la partie rationnelle ou volonté. La bonne manifestation de la pensée est la meilleure chose du discours et j'aime notre idiome parce qu'avec lui seul je m'énonce bien.

L'homme a deux perfections : l'être et l'accomplissement : ma langue maternelle a été pour moi la source de l'un et de l'autre. Le vulgaire natal a concouru à ma génération intellectuelle, et m'a introduit dans la vie de la science qui est la suprême perfection.

Ce n'est pas seulement de l'amour, mais un parfait amour qui doit m'animer et m'anime pour mon idiome.

Le pain avec lequel on doit goûter mes *Canzones* est purifié. Il rassasiera des milliers de convives ; je le distribuerai à pleines corbeilles. Il sera la lumière nouvelle, *le soleil nouveau qui se lèvera, tandis que le soleil ordinaire va se coucher ;* il épandra la lumière à ceux qui sont dans les ténèbres, parce que le soleil accoutumé leur refuse sa lumière.

S'il est quelque universitaire pour soutenir que le poète parle vraiment de la langue italienne, dans le sens où Musset a écrit :

J'aime surtout les vers, cette langue immortelle

— il n'a jamais lu un seul chant de Dante. Victor Hugo met sans cesse un effet à la place d'une pensée ; une image en appelle une autre, comme des accords sous les doigts d'un pianiste. Chez Dante, tout est voulu, pesé, mesuré et jamais son art ne l'emporte sur la rigueur de sa pensée : le salut nouveau, ce n'est pas la poésie italienne, mais la religion qui va se lever, tandis que le catholicisme (*soleil ordinaire*) se couchera.

I. — Les ouvrages peuvent avoir quatre sens : littéral ; allégorique, comme dans Ovide, où Orphée apprivoise les fauves et attire les pierres. Cela veut dire qu'il touchait les cœurs les plus durs et forçait les plus inertes à lui obéir. Les théologiens entendent l'allégorie autrement que les poètes, mais je suis ces derniers. Le troisième sens est moral : le lecteur doit le chercher et se l'appliquer. Quand Jésus monte au Thabor il emmène trois disciples seulement ; donc, pour les choses les plus secrètes on doit être peu nombreux.

L'anagogie (au-dessus du matériel) explique au spirituel les choses supérieures. Ainsi « A la sortie d'Egypte, Israël devint sainte et libre, c'est-à-dire à la sortie du péché l'âme devient sainte et libre. »

La nature veut que nous allions du mieux connu au moins connu : si le littéral n'est pas entendu, l'allégorique restera obscur, le moral incertain et l'analogie insaisissable.

II. — *Vous dont l'intelligence meut le troisième ciel*, voilà ce qu'il va expliquer.

III. — Quel est le troisième ciel ? La vérité complète sur ces problèmes *ne peut s'apprendre*, mais les faibles lumières acquises par la raison humaine renferment cependant plus de délectations que l'abondance et la certitude des choses dont on juge par les sens.

Dante traite de balourdise l'idée qu'il y avait huit ciels, car Béatrice est un neuf et il lui faut un neuvième ciel.

IV. — Voici la succession des cieux : Lune, Mercure, Vénus, Soleil, Mars, Jupiter, Saturne, étoiles et le cristallin.

Les catholiques placent le ciel empyrée par delà tous ces cercles. Il y a donc dix cieux.

V. — Le troisième ciel est mû par des intelligences que le vulgaire appelle anges (!). Sur ces créatures, comme sur les chœurs, les sentiments ont été divers, *quoique la vérité soit manifeste* (?)

La raison seule suffit à enseigner que ces intelligences sont en plus grand nombre que les effets concevables aux hommes. Elles possèdent toute béatitude ; ce qui comprend une félicité de vie active et une autre vie contemplative. Si nous inférons que Dieu a pu créer un nombre presque infini de créatures spirituelles, il en a créé, en réalité, un nombre plus grand encore.

VI. — Les anciens n'ont pas vu la réalité des créatures spirituelles : nous en avons été instruits par le Christ.

Trois principautés, chacune de trois ordres, d'après la suprême puissance du Père, la sagesse du Fils et l'amour du Saint-Esprit.

Aussitôt leur création, la dixième partie de ces ordres se perdit et *la nature humaine fut créée, pour les remplacer*. Il paraît rationnel de croire que les moteurs du ciel de la lune sont les Anges, que ceux de Mercure sont les Archanges, et ceux de Vénus, les Trônes. Ceux-ci font une opération homogène à l'amour de l'Esprit-Saint, qui consiste en la mise en mouvement de leur ciel amoureux.

VII. — Les rayons de chaque ciel sont la voie par laquelle descendent leurs vertus sur les choses d'ici-bas.

VIII. — La pensée est l'acte propre de la raison : les bêtes ne pensent point, je parle aussi de celles qui ont figure humaine et souffle de bétail !... « Ma vie intime n'est autre chose qu'un penser. »

IX. — Entre toutes les bestialités, la plus stupide, la plus vile, la plus damnable, c'est de croire qu'après la vie présente il n'y en a point d'autre. Si notre espérance était vaine, notre imperfection serait pire que celle de nul animal, car beaucoup sacrifient la vie terrestre à la vie future.

XI. — Dante a lu Boëce dans la tristesse ; Boëce, captif et banni du monde, s'était consolé lui-même : « Je découvris un remède à mes larmes, je découvris que la philosophie était la grande chose des livres et des sciences, et je me l'imaginai sous les traits d'une dame noble. »

XII. — Par ciel j'entends science, selon la similitude. Aux sept premiers ciels correspondent le *Trivium* et le *Quadrivium*. A la huitième sphère la science naturelle ou physique et la métaphysique ; à la neuvième la morale, à la dixième la théologie.

XIII. — Le ciel de la lune ressemble à la grammaire pour l'ombre qu'il renferme et la variation de sa lumière.

Mercure, dialecticien par sa petitesse, est voilé des rayons solaires ; la dialectique est étroite et spécieuse d'argument.

Vénus et la rhétorique sont suaves, et se manifestent par l'étoile soir et matin, comme la science par la parole et par l'écrit.

Le soleil et l'arithmétique servent à tous et l'œil ne peut les embrasser. Mars et la musique sont beaux et ardents, et attirent les vapeurs de l'éther et celles de l'âme humaine.

Jupiter le géomètre se meut entre Mars et Saturne, et son éclat est argentin.

Saturne, la plus lente et la plus élevée, correspond à l'astrologie.

XIV. — Le ciel étoilé appartient à la fois à la physique et à la métaphysique.

Le ciel empyrée, par sa paix, est l'emblème de la divine science. Salomon appelle toutes les sciences reines, concubines, esclaves, la science de Dieu étant sa colombe et sa belle.

La comparaison des cieux avec les sciences explique comment j'entends par le troisième ciel, la rhétorique.

XV. — Boëce et Tullius, par la douceur de leur langage, m'ont acheminé à l'amour, c'est-à-dire à l'étude de la très noble dame Philosophie ; ils m'y ont acheminé par les rayons de leur étoile, c'est-à-dire par leurs écrits sur la matière. Dans toute cette allégorie, Amour désigne l'étude ou l'application de l'esprit.

Je dis et j'affirme que la dame dont je m'épris est celle de Pythagore nommée Philosophie.

Le troisième traité est consacré au second amour.

« Mon second amour prit naissance dans la miséricordieuse figure d'une dame ; je ne souhaitais pas seulement sa vue, mais celle de toutes les personnes amies ou parentes. »

II. — Amour, à le considérer en son vrai sens, n'est autre que l'union spirituelle de l'âme et de l'objet aimé.

III. — Cet amour opère dans mon esprit, amour de la vérité et de la vertu et non celui qui a pour essence la volupté sensible.

IV. — Mon insuffisance à dévoiler mon sujet vient de ce que les perceptions mentales défient notre idiome terrestre.

V. — Dissertation symbolique sur la révolution du Soleil : « O ineffable sagesse, régulatrice universelle, que notre intelligence est pauvre pour te comprendre ! Et vous, pour le plaisir et l'utilité desquels je disserte, dans quel aveuglement vivez-vous, si, au lieu de lever vos regards vers ces sublimes spectacles, vous les tenez fixés sur la fange de votre sottise. »

VI. — Comme cette dame possède véritablement la perfection, Dieu, qui l'a comblée de grâces, la chérit comme son œuvre la meilleure.

VII. — Entre la nature angélique d'ordre intellectuel et l'âme humaine, il n'existe aucun degré !

VIII. — Dans ses yeux et dans son doux sourire, l'âme, comme sur deux balcons, se montre, bien que voilée. Six passions sont propres à l'âme humaine : grâce, zèle, miséricorde, envie, amour et pudeur ; chaque fois que l'âme en éprouve une, le reflet se montre dans le miroir des yeux.

IX et X. — La personne dont je décris les beautés n'est autre que la dame de l'intelligence.

Pythagore ne se disait pas sage, mais ami de la sagesse. On ne doit pas appeler vrai philosophe celui qui n'est ami de la sagesse que par intérêt, comme sont les légistes, les médecins et *presque tous les religieux*, car ils n'étudient que pour acquérir argent et dignités.

XI. — Allégoriquement donc, par amour qui me parle de ma dame dans mon esprit, j'entends l'étude. O très noble et très excellent, le cœur qui s'unit à l'épouse de l'empereur du ciel, épouse qui est aussi sa sœur et sa fille bien-aimée.

XII. — Cet amour se manifeste dans l'usage de la sagesse et le mépris des choses dont les autres sont esclaves.

XIII. — Sa contemplation nous fut ordonnée, non seulement pour admirer sa face dévoilée, mais pour désirer et acquérir les choses qu'elle tient occultes.

XIV. — Oh! votre état est pire que la mort, à vous qui fuyez l'amitié de cette Sagesse! Avant votre naissance elle vous a aimés, préparant et ordonnant votre entrée dans la vie. Ensuite, elle est venue à vous, *sous votre image*, pour vous diriger ; si vous ne pouvez tous parvenir jusqu'à elle, *honorez-la du moins dans la personne de ses amis.*

Le quatrième et dernier traité contient, parmi des audaces imprévues, les immortels principes de 1789.

I. — Je veux ramener les égarés dans le droit chemin touchant la connaissance de la vraie noblesse. Ici je n'ai plus besoin d'aucune figure.

II. — Frédéric de Souabe, empereur des Romains, interrogé sur la nature de la noblesse, répondit : « C'est une antique richesse et une belle coutume. »

III. — Le fondement de la majesté impériale, c'est la nécessité de la vie civile. L'Etat a besoin d'un pilote, comme un vaisseau.

IV et V. — Retour aux thèses du *De Monarchia.*

VI. — Récapitulation d'Aristote et de Platon : « Aristote est donc celui qui a dirigé les regards et les pas du genre humain vers le but auquel il doit tendre. »

O malheur à vous, les gouvernants actuels ! Oh ! surtout malheur à vous les gouvernés ! Aucune autorité philosophique, ni par étude propre, ni par un conseil, ne se marie à vos procédés de gouvernement.

Le titre de noble s'accorde à quiconque est fils ou neveu de quelque homme puissant, fût-il lui-même un personnage de rien.

Moi je déclare vil un homme méchant qui descend d'un juste.

En supprimant un côté du pentagone on en fait une quadrature ; en supprimant la raison, il ne reste plus rien de l'homme.

VIII. — Le plus noble rameau de la raison est le discernement.

Il y a une différence entre l'irrévérence et la non-révérence.

IX. — L'autorité impériale a été créée pour la perfection de la vie humaine, comme guide et régulatrice de nos actes : mais chaque fonction a ses bornes. On pourrait dire de l'empereur, si l'on voulait figurer son office par une image, qu'il est le chevaucheur de la volonté humaine, la définition de la noblesse n'appartient point à la fonction impériale.

X. — Les richesses arrivent toujours d'une manière injuste et ne peuvent être une cause de noblesse.

XI. — Leur accroissement n'est pas moins vil que leur naissance.

XII. — Parallèle de la science et des *Richesses*.

XIII. — Si Adam fut noble, nous le sommes tous ; s'il fut vilain, nous aussi. Aristote rirait, s'il voyait faire deux espèces du genre humain comme des chevaux et des ânes; en effet (qu'Aristote me le pardonne) on peut traiter d'ânes ceux qui pensent ainsi.

XIV. — Certains fous prétendent que le noble vient de *noscere*, connaître. En ce cas, les choses les plus connues seraient les plus nobles, l'aiguille de Saint-Pierre, la reine des pierres, et Asdente, le savetier de Parme, le plus illustre des Parmesans. *Noble* vient de *non vil*.

XV. — Aristote ayant ouvert la bouche sur les vertus morales, suivons uniquement sa divine opinion :

fortitude, tempérance, libéralité, magnificence, gloire, mansuétude, affabilité, franchise, *l'eutrapélie* et la justice. Chacune de ces vertus a deux ennemis collatéraux, deux vices, l'un d'excès, l'autre d'insuffisance. Les onze vertus émanent de la noblesse.

Deux choses en accord doivent se réduire en une troisième ou bien l'une à l'autre, comme l'effet à sa cause.

La noblesse, comprenant toute vertu, doit être considérée comme le type auquel il faut ramener la vertu.

XVI. — Il compare la noblesse au ciel infini et la vertu aux étoiles.

La noblesse humaine, si l'on considère la multitude de ses fruits, surpasse celle des anges, quoique dans son unité la noblesse angélique soit plus divine.

Comme la couleur *pers* vient de la noire, la vertu descend de la noblesse. Le pers, mélange de pourpre et de noir, ressemble à la vertu, mélange de noblesse et de passion.

Nul ne peut se prétendre noble,

quelle que soit sa race, s'il ne possède les fruits de la vraie noblesse morale. Celui qui les possède est semblable aux dieux. Car de même qu'il y a des hommes bestiaux, il y en a d'autres nobles et divins.

Que les descendants des Uberti, de Florence ou des Visconti de Milan ne disent plus : « Parce que je suis de telle extraction, je suis noble. » L'auguste semence ne tombe dans aucune race, mais dans quelques individus. Ce n'est pas la souche qui ennoblit les individus, mais bien eux qui ennoblissent la souche.

XVII. — Quand la semence tombe dans la matrice, elle porte avec soi la vertu de l'âme génératrice et la vertu du ciel. L'âme sitôt produite reçoit l'intelligence dont elle est susceptible. Cette intelligence renferme virtuellement les formes universelles.

La bonté de l'âme dépend de la nature du germe, de la disposition du semeur et de celle des cieux.

XVIII. — Notre instinct naturel aime surtout son moi, puis dans le moi diverses parties, et surtout l'âme.

L'âme obéit ensuite à ses attractions.

La voie spéculative est la plus riche en béatitude.

Les trois Marie trouvèrent au sépulcre un jeune homme vêtu de blanc. C'était un ange qui figure la noblesse et qui dit aux Marie, c'est-à-dire aux Epicuriens, aux Stoïciens et aux Péripatéticiens : « Quiconque va cherchant sa béatitude suprême dans la vie active ne l'y trouvera pas ; même dans le cercle des vertus morales et intellectuelles, nous ne trouverons pas la béatitude parfaite. »

XIX. — La noblesse opère diversement, selon les âges ou saisons humaines.

XX. — Dans l'adolescence, qui dure jusqu'à vingt-cinq ans, la partie rationnelle ne jouit pas de la plénitude de discernement ; la jeunesse s'achève à quarante-cinq ans et à soixante-dix la décrépitude commence.

XXI. — Quatre choses sont necessaires à l'adolescent ; obéissance, douceur, pudeur et élégance corporelle.

XXII. — La jeunesse doit être tempérée, forte, aimante, courtoise et loyale. Placé dans un cercle méridional, l'homme jeune doit regarder en arrière le passé et en avant l'avenir ; aimer ses amis, ses ancêtres dont il a reçu l'existence, la nourriture et la doctrine ; aimer ses cadets, pour leur épancher avec amour ses bienfaits, afin de se voir honoré et soutenu dans la période de décadence.

XXIII. — Une âme noble dans sa vieillesse doit être prudente, généreuse et affable.

La prudence se forme d'une bonne mémoire des choses vues, d'une bonne connaissance des présentes, d'une bonne prévoyance des futures.

XXIV. — Dans la décrépitude, deux offices importent : le retour de l'âme vers Dieu et l'action de grâce pour l'existence accomplie. Pareil au fruit mûr qui se détache de la branche sans effort, notre âme se sépare sans douleur du corps qu'elle habitait.

« Oh ! malheureux et vils, vous tous qui, voiles dressées, cinglez vers le port et qui vous perdez vous-mêmes, après un si long voyage. Le chevalier Lancelot et notre chevalier latin Guido de Montefeltro, nobles cœurs, renonçant à toutes voluptés, carguèrent les voiles des actions mondaines et leur longue carrière fut consacrée aux *œuvres pieuses*. Nul ne peut alléguer les liens du mariage (orthodoxie), pour ne pas retourner à la religion (secrète) dans un âge avancé. On peut même dans le mariage (orthodoxie) se convertir à la bonne vie religieuse (secrète), car Dieu n'exige en nous que le cœur (non les gages extérieurs).

Martia requit Caton de la reprendre dans la saison finale ; elle avait donné des fils à Caton, allégoriquement des vertus, car Martia figure l'âme noble. Plus tard, Martia épousa Hortensius et d'autres fils ou vertus naquirent. Hortensius mourut et Martia retourna à Caton.

Et quel homme terrestre fut jamais plus digne que Caton de représenter Dieu? Aucun, certes. Oh! malheureux et ingratement nés, vous préférez sortir de la vie sous le nom d'Hortensius plutôt que sous celui de Caton.»

XXV. — J'ai montré quels signes apparaissent à chaque âge dans une noble nature, signes sans lesquels ii n'y a pas de noblesse.

Ser Mandred da Vico, maintenant préteur et préfet, pourrait dire: «Quel que je sois, je représente mes ancêtres, on me doit honneur et respect.»

Juvénal lui répond dans sa hautaine satire. D'autres pourraient dire: «Si la noblesse est individuelle, il n'y a pas de race noble et cependant l'opinion tient nos familles pour les plus nobles de la cité.»

Si dans une race noble (l'orthodoxie) les bons s'en allaient un par un et que de mauvais (les contemporains) naquissent à leur place, elle ne s'appellerait plus noble, mais vile.

Je parle contre ceux qui errent,

imitant le bon frère Thomas d'Aquin, lequel écrivit pour la confusion de tous les hérétiques un livre intitulé : *Contre les Gentils.* »

Cette façon de donner en sommaire une citation de chaque chapitre m'a paru, malgré son aridité, plus propre qu'un discours coordonné à faire sentir la singularité de l'ouvrage.

Je connais mal les in-8° de Rossetti, mais son titre seul indique qu'il a deviné en partie l'énigme dantesque.. Le *Convito* ne révèle rien en lui-même; il ôte aux Canzone leur ornementation érotique; il dit et redit que Béatrice est la philosophie: et ce n'est pas vrai. Béatrice est une religion chrétienne qui a sombré tout entière dans le mouvement luthérien et dont il ne reste que des romans et des chansons, sans qu'il soit possible de reconstituer sûrement sa théologie.

Dante n'est pas l'auteur d'un système personnel, un penseur indépendant, qui secoue le joug romain. Croyant d'une religion qui n'a pas de nom dans l'histoire, puisqu'elle n'a jamais pu élever un temple au grand soleil, mystique d'une essence spéciale, puisqu'il invoque sans cesse la raison contre Rome tout en escaladant les sommets de l'illuminisme à la suite de S. Denis, il offre une œuvre indéchiffrable comme son masque.

Ce n'est qu'en cherchant les mots de gueules, suivant l'expression de Rabelais, avec qui il a plus de rapport qu'on ne pense, qu'on conduira sûrement l'investigation.

Evoquer le *pain des anges* à propos d'un repas symbolique et déclarer misérables ceux qui partagent la pâture des troupeaux, en 1300 cela signifie l'hérésie. Le pain ou explication ne suffit pas pour nous : mais en son temps, on lisait plus attentivement qu'aujourd'hui et la matière était plus passionnante. Quel poète redouterait l'infamie qui pour un conspirateur, religieux ou autre, réside à trahir ou à renier ses serments. Il se défend comme sectateur accusé de désertion, il se défend d'être revenu au giron catholique et il écrit le *Convito* en vulgaire, car il se prête à des équivoques, *che a piacamento artificiato si transmuta*.

« Si on m'ordonnait de porter *due guarnache* (casaques) et que je n'en porte qu'une sans ordre, mon obéissance serait en partie recommandée, en partie spontanée. » Le latin est la langue de l'Eglise, la langue ennemie ; il aime le vulgaire parce que c'est sa langue de croyant autant que sa langue de poète. Si Dante était un philosophe, il ne dirait pas que son commentaire sera un nouveau soleil destiné à remplacer *l'ancien*, le catholicisme romain.

Un auteur qui prétend que tout poème a quatre sens est un farceur, un fou ou Dante. D'ordinaire les plus abscons se contentent de deux sens, l'exotérique et l'ésotérique. Celui qui appliquerait l'*anagogie* ne découvrirait que sa propre imagination. La grille qu'il faut appliquer au texte, c'est le littéral ; il faut lire en soulignant et, par les italiques seules, la clarté jaillit. Le poète avertit lui-même de bien penser à l'extérieur. Un autre moyen de le pénétrer consiste à connaître les auteurs qu'il cite, Cicéron (*le Songe de Scipion*) et *la Consolation* de Boëce, qui l'amenèrent à l'amour, c'est-à-dire à l'étude.

Quand il parle aux intelligences du troisième ciel, s'adresse-t-il à des coreligionnaires du troisième degré? Autant il éclate que Dante professait une religion autre que la romaine, autant j'hésite à expliquer une croyance du XIIIe siècle, avec des expressions postérieures. Pour les étourdis, quiconque a été anti-papal se classe comme précurseur de Luther, tout affilié à une société secrète s'appelle franc-maçon. Ce sont là des procédés trop courts et superficiels. J'ignore si l'impérialisme de Dante n'est pas simplement la haine du Vatican ; j'ignore aussi si sa diatribe contre la noblesse, quoique très vraie en soi, ne vise pas exclusivement l'Eglise romaine, fille dégénérée et vile des nobles apôtres, si la dissertation sur les vertus propres à chaque âge n'équivaut pas à une conclusion sur la décrépitude de Rome qui se prétend éternelle, qui ne se sent pas vieillir et qui toute caduque s'obstine à dominer sans avoir aucune des vertus qui rendent la vieillesse respectable. *Presque tous les religieux n'étudient que pour argent ou dignités*. Cela s'adresse aux théologiens, casuistes et prédicateurs et surtout aux princes de l'Eglise et à l'empereur spirituel, détenteur de beaucoup d'argent et des plus rares dignités.

La religion de Dante qui invoque Aristote plus que saint Thomas, a été la Muse des races latines depuis qu'il y a des langues latines ; elle a inspiré le chef-d'œuvre du XIXe siècle, Parsifal.

Pour la reconstituer, il faudrait reviser le procès des Albigeois et celui des Templiers.

Le suprême hiérophante de *la Divine Comédie* est saint Bernard, le père spirituel des Templiers, puisqu'il en composa la règle ; il porte la *bianca stola* et se réclame de Béatrice pour se rendre la vierge favorable. Wagner, par le privilège du génie, a suivi l'esprit d'une fable qu'il ignorait ou du moins qu'il niait : et faute d'espace pour étaler la minutieuse mosaïque des preuves, j'indiquerai le sens de l'œuvre dantesque, en évoquant le sauveur du Graal.

Amfortas, le roi-pécheur, le pontife coupable, incarne l'Eglise romaine, qui s'est servie de la sainte lance pour disputer à Klingsor les biens terrestres et vils.

Il faut qu'un pur, un parfait, un ingénu vienne le guérir et le remplacer dans sa fonction.

Le Parsifal de Dante s'appelle l'empereur des Romains, qui aurait fait monter avec lui sur le trône le même christianisme que l'Eglise avait cru exterminer, par le fer et par le feu, en Occitanie.

Le cardinal du Puget voulut exhumer le cadavre de Dante pour le brûler ; Archambaud, archevêque de Milan, inscrit le gibelin parmi les hérétiques.

La première édition de la *Comédie* est celle de Foligno, 1472. Le prieur de 1302 n'était pas aux yeux italiens l'*altissimo poete* qu'il devint vers 1516, époque où la *Comédie* porte le nom de *divina* ; et on se demande par quelle protection il échappa au bûcher.

Rien n'est drôlatique comme les notices des traducteurs qui s'écrient à l'envi : « Le chantre du catholicisme », si ce n'est Boccace commentant la *Comédie* en pleine église.

La Réforme a profité du travail dantesque sans le comprendre ni en rien retenir.

La parole enflammée du Paraclet a préparé l'avènement de la négation. Dante n'avait pas prévu la parabole de son audace : il voulut purifier la foi, elle s'est éteinte. Des hommes pratiques se sont emparés du pouvoir spirituel.

Aujourd'hui l'indifférence générale conflue à l'inertie des égrégores : toutefois, par un miracle plus étonnant que ceux des pèlerinages, l'hérésie se manifeste par d'incomparables chefs-d'œuvre.

L'idéal de Dante plane encore sur nous, ravivé par le génie de Wagner. Quelle destinée pour une doctrine que d'échapper à la codification, aux commentateurs et d'exploser, d'époque en époque, comme un tonnerre de beauté ! N'est-ce pas, au sens du vieux gibelin, une marque du Saint-Esprit qui se manifeste, selon un bon plaisir transcendantal, en dehors de nos prévisions et du cours ordinaire ?

FIN

Imprimerie Bonvalot-Jouve, 15, rue Racine, Paris.

www.ingramcontent.com/pod-product-compliance
Lightning Source LLC
LaVergne TN
LVHW020342230826
846091LV00003B/965

9782013440356